POR QUE VOCÊ ACREDITA?

K. SCOTT OLIPHINT

POR QUE VOCÊ ACREDITA?

K. SCOTT OLIPHINT

Tradução: Vera Ellert Ochsenhofer

THOMAS NELSON
BRASIL®
Rio de Janeiro, 2018

Título original: *Know Why You Believe*
Copyright © 2017 K. Scott OliphintEdição original por Zondervan. Todos os direitos reservados.Copyright de tradução © Vida Melhor Editora S.A., 2017.As citações bíblicas são da Nova Versão Internacional (NVI), da Bíblica, Inc., a menos que seja especificada outra versão da Bíblia Sagrada.

Os pontos de vista desta obra são de responsabilidade de seus autores e colaboradores diretos, não refletindo necessariamente a posição da Thomas Nelson Brasil, da HarperCollins Christian Publishing ou de sua equipe editorial.

PUBLISHER	*Omar de Souza*
GERENTE EDITORIAL	*Samuel Coto*
EDITOR	*André Lodos Tangerino*
ASSISTENTE EDITORIAL	*Bruna Gomes*
PREPARAÇÃO	*Paulo Pancote*
REVISÃO	*Mauro Nogueira e Fernanda Silveira*
DIAGRAMAÇÃO E PROJETO GRÁFICO	*Filigrana*
CAPA	*Douglas Lucas*

CIP-BRASIL. CATALOGAÇÃO NA PUBLICAÇÃO
SINDICATO NACIONAL DOS EDITORES DE LIVROS, RJ

O39p

Oliphint, K. Scott
  Por que você acredita? / K. Scott Oliphint ; tradução Vera Ellert Ochsenhofer. - 1. ed. - rio de janeiro: Thomas Nelson Brasil, 2018.
  224 p.; 21 cm.

Tradução de: Know why you believe
ISBN 9788578608477

1. Cristianismo. 2. Teologia. 3. Fé. 4. Deus. I. Ochsenhofer, Vera Ellert. II. Título.

17-46011   CDD: 230
                            CDU: 23

Thomas Nelson Brasil é uma marca licenciada à Vida Melhor Editora S.A.
Todos os direitos reservados à Vida Melhor Editora S.A.
Rua da Quitanda, 86, sala 218 — Centro
Rio de Janeiro, RJ — CEP 20091-005
Tel.: (21) 3175-1030
www.thomasnelson.com.br

Para Kyle, Lizzie, Katie, Caroline e Kelly

Sumário

AGRADECIMENTOS 9
INTRODUÇÃO 11

Por que crer na Bíblia? 15
Por que crer em Deus? 33
Por que crer em Jesus? 57
Por que crer em milagres? 77
Por que crer que Jesus ressuscitou dos mortos? 95
Por que crer na salvação? 115
Por que crer na vida após a morte? 137
Por que crer em Deus diante da ciência moderna? 155
Por que crer em Deus apesar do mal no mundo? 173
Por que crer somente no cristianismo? 195

CONCLUSÃO 217

Agradecimentos

Gostaria de agradecer a Justin Holcomb pelo gentil convite para escrever este livro e por sua orientação nas etapas iniciais. Também quero agradecer a Madison Trammel, da Zondervan, pela ajuda e pelo encorajamento ao longo do caminho.

Agradeço especialmente à minha sobrinha, Katie Oliphint, que pacientemente leu e fez comentários úteis sobre o conteúdo geral deste livro.

Introdução

Creio no cristianismo como creio que o sol nasce todo dia; não apenas porque o vejo, mas porque através dele eu vejo todas as outras coisas.
- C. S. Lewis

Quase no final da Segunda Guerra Mundial, C. S. Lewis fez uma palestra no Clube Socrático de Oxford chamada "Teologia é poesia?". A epígrafe desta introdução é uma frase daquele ensaio.* Somente o cristianismo é capaz de lançar luz sobre tudo o que pensamos, questionamos, vivemos ou fazemos. Essa é a resposta sucinta de Lewis à pergunta: "Por que cristianismo?". Numa breve declaração ele diz tudo.

Qualquer pai ou mãe sabe que a pergunta *por que* pode ser muito cansativa. Crianças têm a capacidade inata de fazê-la — de novo e de novo. Ninguém as ensinou a fazer essa pergunta. Pais não perdem tempo ensinando-as sobre o significado e a importância de fazê-la. Pela sua própria natureza as crianças perguntam, perguntam e novamente perguntam.

Por que crianças instintivamente perguntam *por quê*? Responder a essa pergunta pode ser uma tarefa interminável. Se respondermos que "crianças perguntam *por que* instintivamente porque isso faz parte

---

* O ensaio foi publicado em Lewis, C. S. *O peso da glória*. Rio de Janeiro: Thomas Nelson Brasil; 2017. p. 36.

da sua natureza", isso levantará outra questão: "Mas por que isso faz parte da sua natureza?". E assim podemos continuar indefinidamente.

O motivo pelo qual a pergunta "por que" começa tão cedo é porque estamos interessados nas razões das coisas em nosso mundo. Perguntamos *por que* para obter alívio tanto mental quanto prático. Depois de perguntar *por que* encontramos um local de descanso. Queremos ser capazes de viver nossa vida, fazer nosso trabalho, assistir às notícias e nos relacionarmos com outros conscientes do significado *do que* fazemos e *por que* fazemos. Queremos mais do que simplesmente fazer coisas. Queremos entender como elas funcionam.

É por esse motivo que a frase de Lewis é tão incisiva. É uma conclusão definitiva à pergunta *por quê*. Para Lewis, o cristianismo não é apenas algo entre as muitas coisas nas quais ele acreditava. Ao contrário, ele diz que crê no cristianismo *porque* ele permite que se veja tudo sob a luz correta.

O cristianismo é um modo de ver. Ele oferece um alicerce para tudo o que pensamos, fazemos e cremos. Ele nos dá uma perspectiva correta sobre nós e o resto do mundo.

Pense no Credo dos Apóstolos:

> Creio em Deus, Pai Todo-poderoso, criador dos céus e da terra. E em Jesus Cristo, seu único Filho, nosso Senhor, o qual foi concebido por obra do Espírito Santo. Nasceu da virgem Maria, padeceu sob Pôncio Pilatos, foi crucificado, morto e sepultado; desceu ao Hades; ressuscitou ao terceiro dia; subiu ao céu, e está sentado à direita de Deus Pai Todo-poderoso, de onde há de vir para julgar os vivos e os mortos. Creio no Espírito Santo; na santa igreja católica; na comunhão dos santos; na remissão dos pecados; na ressurreição do corpo; e na vida eterna. Amém.*

---

* Este credo pode ser encontrado em inúmeros lugares, inclusive em <http://www.ipib.org/auxilios-liturgicos/2002-o-credo-dos-apostolos>, de onde foi copiado.

Introdução

A pergunta é: "*Por que* cremos nessas coisas?" Os capítulos seguintes discutem por que os cristãos creem no que creem. Também incluem objeções daqueles que contestam nossas razões para crer no que cremos e no final de cada um há perguntas para ampliar o entendimento dos motivos que apresentamos, seguidas de sugestões de outras leituras.

A fonte dos assuntos que discutiremos é a Bíblia. Tudo o que discutimos neste livro depende de como vemos a Bíblia, e o primeiro capítulo é fundamental.

Podemos ter certeza de que a Bíblia nos dará a verdade. A Bíblia não é somente a fonte daquilo que os cristãos creem, mas também nos conduz para tudo mais que há no mundo — e além dele! Ela nos mostra como o mundo é, quem somos e, o mais importante de tudo, quem Deus é.

Poderíamos pensar na Bíblia como se fosse os óculos através dos quais vemos tudo. Se nossa visão é fraca, não importa o quanto abramos nossos olhos — não teremos uma visão clara das coisas para as quais olhamos. Mas através da visão acurada da Bíblia podemos ver com clareza.*

O cristianismo não é uma religião que se baseia primariamente na natureza, ou na experiência, ou mesmo na salvação de um indivíduo. A base do cristianismo é o Revelador, o próprio Jesus, que tem muito a dizer sobre natureza, experiência e salvação. Nossa salvação não é algo que podemos conquistar por nossas obras ou que merecemos. O cristianismo chega a nós como um presente de Deus.

A religião cristã remonta à origem do tempo, quando as Escrituras começaram. O cristianismo abrange toda história da redenção antes da época de Cristo e nos traz uma boa notícia sobre o que podemos esperar agora e no futuro.

---

* Veja, por exemplo, Justin S. Holcomb, *Know the Creeds and Councils* [Conheça os credos e os conselhos], Know Series (Grand Rapids, Zondervan, 2014).

É por isso que a citação de C. S. Lewis é tão útil: "Creio no cristianismo como creio que o sol nasce todo dia; não apenas porque o vejo, mas porque através dele eu vejo todas as outras coisas." Os cristãos de hoje não creem no cristianismo porque viram Jesus, seus milagres, sua ressurreição ou Deus. Os cristãos acreditam por causa do testemunho que a Bíblia dá. E através do cristianismo somos capazes de ver tudo adequadamente.

Começamos o livro com uma discussão dos vários aspectos que a Bíblia ensina — sobre Deus, Jesus, milagres e vida após a morte. Também mostramos o que devemos pensar sobre os ensinos da Bíblia à luz do que a ciência diz a respeito do nosso mundo. Cada um desses tópicos merece um livro inteiro, mas delimitamos alguns dos aspectos principais que precisam ser considerados à luz da fé cristã.

Fazemos uma concessão: não há evidência, discussão ou argumento que por si só possa mudar a mente de alguém para crer no cristianismo. O cristianismo é uma religião de fé, e fé bem fundamentada. Ele só pode ser entendido corretamente se conhecermos e confiarmos em Jesus Cristo.

Também apresentamos um desafio: ao ler este livro, você talvez encontre coisas em que simplesmente não consegue acreditar. Nesse caso, faça a seguinte pergunta a si mesmo: "No que eu confio e que não me permite crer nisso?" Todos nós confiamos em algo ou em algumas coisas.

A pergunta mais importante ao longo deste livro é: "Será que *eu* creio nisso e, se não, por que não creio *nisso*?"

Capítulo 1
Por que crer na Bíblia?

Foi em uma madrugada. Eu não conseguia dormir, então resolvi ver se a televisão seria capaz de me relaxar a ponto de dormir. Topei com um comercial anunciando o "sucesso impressionante" de um equipamento vibratório que você prende na cintura e promete reduzi-la em vários centímetros! Os resultados que esse dispositivo prometia eram inacreditáveis, literalmente. O sucesso de propagandas como essa certamente diminuiu bastante agora que podemos entrar na internet e ler resenhas de usuários.

A propaganda levantou algumas perguntas: Por que um equipamento formidável como esse só é vendido através de comerciais de TV? Às três da manhã? Por que seu inventor não o divulga no horário nobre? Por que o aparelho não está em cada loja do país? Por que eu não conheço ninguém que usa esse dispositivo? Não havia nenhuma indicação de que o aparelho era novidade, ainda que eu nunca tivesse ouvido falar dele. Havia algo surpreendente nesse dispositivo — a surpreendente incoerência entre seu suposto sucesso e o modo como estava sendo vendido.

As pessoas são tentadas a tratar a Bíblia como essa propaganda. Perguntas céticas surgem rapidamente. O quanto as afirmações da Bíblia são críveis? Ou o quanto são críveis as pessoas que nela creem? Será que ela é obscura demais para ser lida pela maioria das pessoas? Será que é o equivalente a um produto promovido na TV às três da manhã?

Uma rápida olhada nos comentários sobre a *English Standard Version* da Bíblia no site da Amazon revela dois exemplos: "Está mais para *Mil e uma noites* do que para uma espiritualidade verdadeira. Contradiz a si mesma nos dois primeiros capítulos e é racista, estimula a escravidão, é intolerante e de modo geral não faz sentido nenhum." Outro crítico diz que a Bíblia não é "nem exata, nem confiável".

Essas críticas fazem a Bíblia parecer um comercial. O que ela diz é incoerente, para não dizer ofensivo; ela não é exata ou confiável.

Apesar dessas críticas negativas, o histórico da Bíblia é bastante sólido. De acordo com o *Guiness*, a Bíblia continua sendo o livro mais vendido de todos os tempos. Estima-se que mais de sete bilhões de exemplares tenham sido vendidos. Nenhum outro livro chega ao menos perto disso. Ela foi traduzida para mais de 350 idiomas, tornando-a acessível a bilhões de pessoas em todo o mundo. É difícil imaginar que um livro que "não é exato nem confiável" conquiste a popularidade que a Bíblia tem ao longo de tantos anos.

Por que a Bíblia é tão popular?

Razões

As razões para crer na Bíblia são formidáveis. Para que fique mais claro, nós as dividiremos em externas e internas. As razões externas são aquelas que estão fora da Bíblia em si, como as evidências históricas que comprovam a história da Bíblia. As razões internas, que são mais definitivas, são aquelas contidas na própria Bíblia.

Razões externas

Quando perguntamos "Por que crer na Bíblia" estamos fazendo um tipo específico de pergunta, uma questão com muitas facetas. Talvez ajude se formularmos a pergunta do seguinte modo: "Do que eu preciso para acreditar que aquilo que a Bíblia diz é verdade?" Quando a formulamos assim, a pergunta se torna mais pessoal.

Crer no que a Bíblia diz não é a mesma coisa que acreditar que a água congela a 0º C. Podemos criar as condições certas para provar a verdade da afirmação que a água congela a 0º C. Podemos repetir a demonstração a qualquer momento, em qualquer lugar. As pessoas podem ver que a água congela e acreditar na verdade da afirmação.

Crer que a Bíblia é verdadeira não é simples. Você acreditaria que a Bíblia é verdadeira se tivesse certeza de que ela é historicamente exata? O cristianismo, diferentemente de outras religiões mundiais e muitos cultos, não é o produto de uma pessoa, de um encontro secreto ou de uma revelação particular, como é o caso, por exemplo, do islamismo, mormonismo e das Testemunhas de Jeová. O cristianismo não é uma religião particular. É uma religião pública ligada intrinsecamente à história do mundo.

O cristianismo é uma religião com documentação histórica anterior ao judaísmo, que remonta ao início dos tempos. Grande parte da história do cristianismo se passou em uma parte relativamente pequena da Terra — o Oriente Médio. A Bíblia menciona cidades, países e regiões, muitos dos quais existem até hoje. A arqueologia continua desenterrando ruínas de cidades, lugares e culturas extintas mencionadas na Bíblia. Por exemplo, a Bíblia declara em três livros diferentes que o rei Ezequias reinou sobre Judá (2Reis 17-20; Isaías 36-39; 2Crônicas 29-32). Recentemente uma escavação arqueológica em Jerusalém descobriu um selo que lhe pertenceu, com a inscrição:

"Pertence a Ezequias, [filho de] Acaz, rei de Judá."* Esse selo com a inscrição oferece uma prova do caráter histórico do Antigo Testamento.

A arqueologia continua fornecendo mais e mais confirmações das narrativas do Antigo Testamento. Na década de 1990, foi encontrada uma inscrição que confirmou a existência da "casa do rei Davi", discutida nos livros do Antigo Testamento.

Quanto à história do Novo Testamento, há pelo menos três registros que descrevem a existência de Jesus Cristo e seus seguidores, elaborados por pessoas que não eram cristãs. Um deles é do historiador judeu Josefo (aprox. 37 d.C.), segundo o qual Jesus era um homem que realizou prodígios e cujos seguidores diziam que ele era o Messias. Josefo também registrou o fato de que Jesus foi condenado à morte por Pilatos. Tácito (56-120 d.C.), que também não era cristão, descreveu a perseguição aos cristãos no primeiro século. Ele atribuiu o movimento cristão a Jesus Cristo, um judeu que havia sido morto sob Pôncio Pilatos. Um homem chamado Plínio (61-112 d.C.) registrou a continuidade do cristianismo no segundo século. Ele escreveu que os cristãos estavam se reunindo semanalmente para a adorar a Cristo como se ele fosse Deus.**

Esses são registros factuais notáveis de homens que não faziam parte do movimento cristão. Em seus escritos, Josefo, Tácito e Plínio registraram alguns ensinos e crenças centrais e cruciais do cristianismo, incluindo o fato de que seus seguidores criam que Jesus era o Messias, o Cristo e, muito tempo após sua morte na cruz, ainda o

---

* Acessível em <http://www.gospelherald.com/articles/60328/20151203/ancient-seal-of-old-testament-king-hezekiah-uncovered-in-jerusalem-this-is-as-close-as-we-can-get-to-touching-him.htm>.
** Esses fatos históricos foram retirados de e expandidos em Steven B. Cowan e Terry L. Wilder, *In Defense of the Bible: A Comprehensive Apologetic for the Authority of Scripture* [Em defesa da Bíblia: uma apologética abrangente da autoridade das Escrituras] (Nashville: B&H Academic, 2013), 209ss., 229ss.

adoravam como se ele fosse Deus. Uma enorme quantidade de evidências históricas e culturais demonstra a coerência histórica do Antigo e do Novo Testamento.

Para aqueles que procuram uma razão para acreditar na Bíblia, porém, essas evidências podem parecer fracas demais e não convincentes.

A pergunta "Do que eu preciso para acreditar que a Bíblia é verdadeira?". precisa mais do que apenas registros e objetos históricos. Admitindo que existam evidências históricas para a narrativa bíblica, você pode dizer: "Mas e os livros que fazem parte da Bíblia? É possível confirmar sua exatidão?"

Em relação ao Antigo Testamento, grande parte da sua confirmação está no Novo Testamento. Desde Jesus até os apóstolos, o reconhecimento da autoridade e divindade do Antigo Testamento está fora de dúvida. Quanto às provas externas de sua autoridade, entre 1946 e 1956 a descoberta de várias cavernas na margem ocidental que continham o que chamamos de Manuscritos do mar Morto ofereceu apoio significativo e substancial à confiabilidade do Antigo Testamento. Entre as onze cavernas que continham manuscritos antigos, a Caverna 5 abrigava o que se considera ser o mais antigo manuscrito hebreu, um fragmento do livro de Samuel do terceiro século a. C. A gruta também continha uma centena de cópias de vários livros da Bíblia compondo praticamente todo o Antigo Testamento, com exceção do livro de Ester.* Além dos manuscritos encontrados nas cavernas próximas ao mar Morto, existem milhares de outros manuscritos que confirmam a exatidão das palavras do Antigo Testamento.

E o Novo Testamento?

---

* Norman L. Geisler, *Baker Encyclopedia of Christian Apologetics* [Enciclopédia Baker de apologética cristã], Baker Reference Library (Grand Rapids: Baker, 1999), 549-50.

A quantidade de manuscritos disponíveis para confirmar o Novo Testamento é esmagadora quando comparada a documentos semelhantes. Se contarmos apenas os textos escritos em grego, no momento existem 5.686 manuscritos com cópias de parte ou todo o Novo Testamento, alguns deles possivelmente escritos no primeiro século!* A título de comparação, a segunda obra mais documentada desse período é a *Ilíada*, de Homero, com 646 manuscritos que a confirmam. Outras obras têm muito menos manuscritos. Há somente dez cópias da *Guerra gálica*, de Júlio César; oito cópias da *História*, de Tucídides; e apenas duas cópias dos *Anais*, de Tácito.

Os milhares de manuscritos dos livros da Bíblia conferem credibilidade ao seu conteúdo. Diferentemente de muitos outros livros que consideramos realmente históricos, existem cópias e mais cópias ao longo dos séculos que confirmam o conteúdo da Bíblia.

No entanto, talvez você necessite de mais provas. Pode ser que você precise saber como foi definido que os livros na Bíblia são corretos. Talvez você precise de uma resposta à pergunta: "Quem decidiu quais livros fariam parte da Bíblia e quais não fariam?"

Perguntas como essa tendem a girar em torno dos livros do Novo Testamento. Quando começamos a tratar a questão dos livros que fazem parte do Novo Testamento, o cânon, estamos chegando muito mais perto do centro de nossa questão sobre "por que cremos".

Em um diálogo entre dois personagens, Leigh Teabing e Sophie Saint-Clair, de seu conhecido livro (posteriormente transformado em filme) *O código da Vinci*, Dan Brown escreve o seguinte a respeito da origem dos evangelhos e do cristianismo:

[Teabing:] "A Bíblia é um produto do *homem*, minha querida. Não de Deus. A Bíblia não caiu magicamente das nuvens. O homem a criou como relato histórico de uma época conturbada, e ela se de-

---

* Ibid., 532.

senvolveu através de incontáveis traduções, acréscimos e revisões. A história jamais teve uma versão definitiva do livro."

[Sophie:] "O.k."

[Teabing]: [...] Foram considerados mais de oitenta evangelhos para o Novo Testamento, no entanto, apenas uns poucos acabaram por ser escolhidos [...]."

[Sophie:] "Quem decidiu quais evangelhos seriam incluídos?"

[Teabing (com entusiasmo):] "Aha! A ironia fundamental do cristianismo! A Bíblia que conhecemos hoje foi compilada pelo imperador romano pagão Constantino, o Grande."*

Como qualquer pessoa que viu o lançamento do livro e do filme pode testemunhar, *O código da Vinci* obteve uma enorme audiência e criou uma nova geração de descrentes na Bíblia.

O problema da discussão entre Teabing e Sophie é sério. Na verdade, ela não tem fundamento. A ideia de que o imperador Constantino reuniu os livros do Novo Testamento não pode estar mais longe da verdade. Qualquer olhar superficial para os escritos dos pais da igreja no segundo século, antes mesmo que Constantino tivesse nascido, mostra que os livros do Novo Testamento já eram usados e haviam sido ratificados pelas igrejas cristãs do Oriente e do Ocidente. Constantino, que foi responsável por convocar o Concílio de Niceia, em 325 d.C., era tão dependente do cânon completo do Novo Testamento quanto qualquer pessoa do quarto século.** Não há um pingo de evidência histórica para qualquer afirmação de Brown. Não

---

* Dan Brown, *The Da Vinci Code* (New York: Doubleday, 2003), 231 [edição em português: *O código da Vinci* (São Paulo: Arqueiro, 2004), (grifo nosso).

** Para uma discussão e defesa fascinante do cristianismo de Constantino, consulte a obra de Peter J. Leithart, *Defending Constantine: The Twilight of an Empire and the Dawn of Christendom* [Defendendo Constantino: o crepúsculo de um império e o nascimento da cristandade] (Downers Grove: IVP Academic, 2010).

obstante, para aqueles que preferem continuar céticos a investigar a história, o livro de Brown ofereceu combustível novo.

Nunca houve um concílio convocado para decidir quais livros seriam incluídos no Novo Testamento. Isso pode parecer esquisito, pois está claro que periodicamente se convocaram muitos concílios para decidir assuntos doutrinários essenciais na Igreja.* E por que não haveria um concílio para decidir algo tão fundamental quanto quais livros seriam incluídos no Novo Testamento?

Uma das respostas a essa pergunta está relacionada às condições que levaram à convocação de concílios e assembleias. Essas assembleias históricas não foram convocadas porque diversos líderes de igrejas estavam simplesmente interessados em desenvolver sua teologia. Ao contrário, esses concílios precisaram ocorrer para evitar e oferecer uma resposta a graves erros doutrinários na Igreja.

O Concílio de Niceia (325 d.C.), por exemplo, foi convocado pelo imperador Constantino para declarar a identidade e a divindade plena de Jesus Cristo, contrariando a posição de Ário e seus seguidores, que argumentavam — com algum sucesso — que Cristo, ainda que fosse único em alguns aspectos, não era plenamente Deus. Um pouco mais de cem anos depois, foi necessário convocar um concílio em Calcedônia para debater e confirmar as duas naturezas na pessoa única de Jesus Cristo. O Concílio de Niceia foi uma resposta ao arianismo; o de Calcedônia, ao eutiquianismo (segundo o qual Jesus tinha apenas uma natureza) e ao nestorianismo (segundo o qual Jesus tinha duas personalidades). Na história da Igreja, muitas vezes a sã doutrina se desenvolveu em meio a controvérsias e erros.

Nenhum concílio foi necessário para decidir quais livros seriam incluídos no Novo Testamento. Desde seus primeiros dias, a Igreja

---

* Veja Justin S. Holcomb, *Know the Creeds and Councils* [Conheça os credos e os concílios], Know Series (Grand Rapids: Zondervan, 2014).

entendeu e reconheceu quais livros continham a autoridade de Jesus e quais não tinham. Embora houvesse aqueles que se opunham à aceitação dos livros, como Márcion*, esses detratores foram considerados renegados os quais estavam em desacordo com o que a Igreja já havia estabelecido a respeito dos livros do Novo Testamento.

A igreja primitiva acolheu esses novos livros, que finalmente foram chamados de Novo Testamento. O grande teólogo de Princeton, B. B. Warfield, escreveu:

> Eles recebiam um livro novo após o outro do círculo dos apóstolos, equivalentes às "Escrituras" dos livros antigos, e os acrescentaram um a um à coleção de livros antigos como nova Escritura, até que o volume dos novos livros acrescentados fosse suficientemente grande para ser considerado outra *seção* das Escrituras.**

Razões internas

Os cristãos podem continuar sendo céticos, apesar das provas históricas e documentais que confirmam a integridade histórica da Bíblia. Essa é uma reação natural. Conforme disse um autor, "do ponto de vista estritamente das evidências, não podemos ter certeza absoluta de quais livros estão no cânon e se o cânon está fechado. *A evidência histórica como tal oferece apenas uma probabilidade, e não certeza*".*** Evidências externas sempre serão inconclusivas. Isso

---

* Para saber mais sobre Márcion, veja Justin S. Holcomb, *Know the Heretics* [Conheça os hereges], Know Series (Grand Rapids: Zondervan, 2014), capítulo 3.
** B. B. Warfield, *The Inspiration and Authority of the Bible* [A inspiração e a autoridade da Bíblia] (Philadelphia: Presbyterian and Reformed, 1948), 413.
*** Norman L. Geisler e William E. Nix, *From God to Us: How We Got Our Bible* [De Deus para nós: como conseguimos nossa Bíblia], edição revisada e expandida (Chicago: Moody, 2012), 159, grifo nosso.

significa que o melhor que podemos fazer com evidências externas é dizer "talvez sim, mas talvez não".

O motivo nos remete à nossa ilustração do ponto de congelamento da água. A evidência externa de que a água congela a 0º C é conclusiva. Para qualquer pessoa que não acredita nisso, você pode fazer uma demonstração e comprovar a veracidade da afirmação, podendo repetir a demonstração muitas e muitas vezes.

O cristianismo não é assim. A prova do cristianismo é muito mais profunda e muito mais complexa do que qualquer evidência científica ou histórica pode provar. O cristianismo não trata somente de um livro histórico. Ele se concentra em uma pessoa, o Senhor Jesus Cristo. Uma discussão sobre como podemos crer que a Bíblia é verdade não pode permanecer simplesmente no campo da história. Antes e acima de tudo, ela precisa envolver um relacionamento com Jesus.

Crer que a Bíblia é verdadeira se parece mais com um casamento do que com um experimento científico. Em geral, quando um homem está interessado em se casar com uma mulher, ele passa por um período de noivado com ela. O propósito desse período é coletar evidências externas de como seria viver com aquela pessoa. Contudo, não importa quanto tempo dure o noivado, não pode haver um relacionamento de casamento até que eles assumam um compromisso e a vida como casal comece. Só então a pessoa saberá como é estar casado. É necessário um compromisso antes que a realidade do matrimônio possa ser entendida plenamente. Nenhum livro é capaz de fazer isso; não há evidências que possam produzir essa realidade. Apenas o compromisso do casamento pode fazê-lo.

Assim também é o cristianismo. É perfeitamente sensato tentar conhecer o cristianismo pelo lado de fora, mas tudo o que temos à disposição são probabilidades e especulações. Somente um compromisso pessoal com Jesus revela o que cristianismo é de fato.

As razões convincentes para crer que a Bíblia é verdadeira estão relacionadas ao caráter do livro em si. Ao contrário de outras obras literárias, os 66 livros da Bíblia foram escritos por muitas pessoas diferentes ao longo de um período de aproximadamente 1.500 anos. Com essa diversidade, é natural pensar que a Bíblia contém diversos conceitos e verdades religiosos. É por isso que tantos cultos concentram sua religião numa pessoa e num breve período de tempo. É muito mais fácil assim. Mas o cristianismo nunca considerou essa diversidade uma fraqueza. A diversidade da Bíblia é mais uma prova de sua veracidade.

Historicamente, as evidências internas da veracidade da Bíblia estão na unidade de sua diversidade. Por exemplo, a *Confissão de Fé de Westminster* oferece uma lista parcial de argumentos como evidências de que a Bíblia é a Palavra de Deus. Entre esses argumentos estão:

> [...] a suprema excelência do seu conteúdo, e eficácia da sua doutrina, a majestade do seu estilo, a harmonia de todas as suas partes, o escopo do seu todo (que é dar a Deus toda a glória), a plena revelação que faz do único meio de salvar-se o homem, as suas muitas outras excelências incomparáveis e sua completa perfeição.*

Todas essas evidências internas requerem familiaridade com o conteúdo das Escrituras, não apenas com sua história. É preciso sentar e ler o que a Bíblia diz. Não importa onde você inicia a leitura. Se há uma "concordância entre todas as partes" nas Escrituras, qualquer lugar em que alguém começar a ler será coerente com outros livros e outras passagens.

Porém digamos que você abra a Bíblia e comece no início. A primeira coisa que você lerá é: "No início criou Deus os céus e a terra" (Gênesis 1:1). Imediatamente você estará consciente do que a *Con-*

---

* *A Confissão de Fé de Westminster* (Oak Harbor: Logos, 1996), capítulo 1, seção 5 [edição em português disponível em <http://www.ipportovelho.com.br/uploads/documentos/1647-a-confissao-de-fe.pdf>].

fissão chama de "a suprema excelência do seu conteúdo". A Bíblia não é um livro de história. É um livro concebido e escrito ao longo da história, mas seu assunto é mais celestial do que histórico. Ele começa com a criação.

Mas a criação não é o início de tudo o que existe. Mesmo no início, Deus já existia. Nas primeiras palavras da Bíblia lemos a respeito daquele que transcende toda criação, mesmo enquanto a estabelece. Do início ao fim, a Bíblia aponta para além de nós e para além da nossa existência, para o próprio céu, onde Deus, que não é terreno, sempre esteve.

Com a expressão "eficácia da doutrina" a *Confissão* dirige nossa atenção para como os ensinamentos das Escrituras são aplicados na vida das pessoas descritas na Bíblia. Ao longo dos textos vemos Deus em sua relação com os seres humanos, convocando-os para diversas tarefas, recrutando seus serviços para alcançar os propósitos dele. Através de toda a Escritura, Deus oferece vida graciosamente. Quando, como no caso de Adão, alguém decide abrir mão dessa vida e opta pela morte, Deus intervém e providencia um meio para que a vida vença a morte que agora é a condição natural de todas as pessoas (veja Gênesis 3:15). O que Deus faz e promete ao longo das Escrituras desde o momento em que Adão pôs a perfeita criação debaixo de uma maldição, tudo aponta para um acontecimento — a vinda do Filho de Deus na pessoa de Jesus Cristo. A "eficácia da doutrina" significa que aquilo que Deus ensina e proclama ao longo das Escrituras acontece. Tudo está voltado para a condescendência de Deus, seu ato de "descer" para salvar e redimir. Esse propósito atinge seu clímax com a vinda do Filho de Deus na carne.

Com a expressão "majestade do estilo", a *Confissão* descreve o caráter transcendente da verdade das Escrituras. Ao contrário do ponto de congelamento da água, a verdade das Escrituras dirige nosso olhar para fora e para cima, além da criação, para o próprio local de habitação de Deus (veja, por exemplo, Salmos 90:1). Quando compreendemos e nos apropriamos das verdades das Escrituras, o próprio estilo desses 66 livros nos conduz para uma vida além de nós mesmos, para a vida que está somente em Deus por intermédio de seu Filho.

A Bíblia contém esses e outros argumentos para conduzir aqueles que a leem e creem nela a uma certeza quanto à sua verdade e quanto àquele a quem essa verdade pertence. Não conseguimos entender e nos apropriar dessas verdades apenas com nosso esforço intelectual. Mesmo com todos os argumentos da *Confissão*, é preciso mais. O artigo da *Confissão* é concluído com as seguintes palavras: "[...] contudo, a nossa plena persuasão e certeza da sua infalível verdade e divina autoridade provêm da operação interna do Espírito Santo, que com a Palavra testifica em nossos corações."

Sempre que nos perguntamos por que cremos na Bíblia, ou toda vez que tentamos encontrar razões para nossa crença nas Escrituras, devemos levar em conta essa afirmação final e profundamente pessoal sobre a obra do Espírito Santo em nós. A única maneira de alguém ser totalmente convencido e ter certeza da "infalível verdade e divina autoridade" da Bíblia Sagrada é quando o próprio Espírito Santo testifica a verdade da Bíblia em nosso coração. Essa obra sempre inclui seu testemunho da veracidade e eficácia do que a Bíblia diz (falaremos mais a respeito disso no capítulo 6).

Não podemos ignorar esse ponto importantíssimo. O Espírito Santo não faz a sua obra interna sozinho, por iniciativa própria. Ao contrário, ele trabalha por intermédio e com a Palavra em nosso coração. Sua obra é realizada somente quando nos expomos às palavras das Escrituras. O Espírito é apto para trabalhar com essas palavras pois foi ele mesmo que, através da ação humana, as produziu (veja 2Timóteo 3:16). Precisamos nos expor ao que as Escrituras dizem. Somente então poderemos esperar ver a excelência, a majestade, a eficácia, a glória de Deus e a plena perfeição das Escrituras. Sem essa exposição, a melhor resposta à pergunta *por que* será pouco mais do que uma probabilidade histórica, e jamais conheceremos o poder daquilo que a Bíblia diz.

Respostas

"Mas", alguém pode objetar, "será que sua argumentação não está girando em círculos? Você não está dizendo que a única razão para crer na Bíblia é o que a Bíblia diz sobre ela mesma? Será que qualquer outro livro não poderia dizer a mesma coisa sobre si mesmo?"

Essa objeção bastante comum deriva de um equívoco quanto ao entendimento cristão da Bíblia. Suponha, por exemplo, que eu lhe peça para me provar — sem usar seus sentidos de visão, tato ou audição — que seus sentidos são guias confiáveis para experimentar o mundo. Como você reagiria? Você só pode provar que seus sentidos são confiáveis usando-os. Não existem fontes externas que comprovem a confiabilidade do uso de seus sentidos.

O entendimento cristão da Bíblia é semelhante. Um dos motivos pelos quais gastamos algum tempo examinando certas evidências externas a respeito da Bíblia foi mostrar que mesmo que existam evidências históricas da veracidade da Bíblia, essas evidências não dizem praticamente nada sobre o que a Bíblia é e como ela pode ser considerada as Escrituras dizem. autoridade. Para o cristão, a Bíblia, assim como nossos sentidos, é o único meio com soberania que temos para mostrar o que ela é. E porque a Bíblia é a autoridade final para os cristãos, não há outro poder que possa atestar sua superioridade. Se alguém pudesse comprovar a superioridade da Bíblia, ela receberia sua autoridade de algo ou alguém e, por definição, não seria a autoridade final.

Quanto aos livros de outras religiões (supondo que esta seja uma objeção real, e não apenas uma falácia), talvez valha a pena ler esses livros e examinar as religiões que neles se baseiam. Esses livros não só parecerão muito pálidos em comparação com a história rica e variada das Escrituras, mas não haverá nenhuma majestade, nenhuma eficácia e, mais importante, nenhuma "plena revelação que faz do único meio de salvar-se o homem",* visto que a salvação só pode ser realizada pelo próprio Deus! Qual outra religião tem dito há milênios que somente Deus pode nos salvar? Todas as outras religiões põem o fardo da salvação sobre nós e esse é um fardo que não oferece esperança alguma.**

Outra objeção é a seguinte: "Mas e todas as contradições da Bíblia? Como você pode defender 'a coerência de todas as partes' e 'sua plena perfeição' quando a Bíblia está repleta de tantas contradições?"

Alguns dizem que a doutrina cristã da Trindade é uma contradição; outros dizem o mesmo sobre a doutrina da encarnação. Ou talvez alguém leia os três primeiros evangelhos e veja que Jesus purifica o templo quase no fim de seu ministério e depois leia no evangelho de João que a purificação do templo ocorreu no início. Será que essas não são contradições puras e simples? Elas não apresentam problemas que impedem qualquer pessoa pensante de crer na Bíblia?

Já se escreveu muito sobre essa objeção, e não temos condições de abordá-la detalhadamente aqui, mas talvez uma analogia ajude. Você vai ao médico para um exame físico. Ao término do exame, o médico diz: "Eu detectei um problema em um de seus órgãos, mas o corpo humano é assim. Não passa de uma porção de partes cheias de problemas. Não admira que eu tenha encontrado um problema numa delas. Vejo você no ano que vem." Obviamente você procurará outro médico.

---

* Ibid.
** Veja um exemplo de conversa simulada entre um muçulmano e um cristão sobre o assunto em K. Scott Oliphint, *Covenant Apologetics: Principles and Practice in Defense of Our Faith* [Apologética da aliança: princípios e prática na defesa de nossa fé] (Wheaton: Crossway, 2013).

Um médico comprometido com a profissão parte do princípio correto de que o corpo humano é um todo coerente. Todas as partes foram feitas para funcionarem juntas, de modo que cada parte possa funcionar plenamente. Para diagnosticar problemas no corpo, é preciso pressupor a harmonia e a união de todas as partes do corpo trabalhando juntas.

Também é assim com as Escrituras. Ninguém esgotou o significado desses 66 livros; ninguém tem a capacidade de fazê-lo. A única maneira de diagnosticar os problemas percebidos nas Escrituras é estudá-las. Quando se estuda a Bíblia com a premissa de que as partes serão coerentes porque Deus é seu autor primário do início ao fim, as contradições desaparecem. No entanto, quando se estuda a Bíblia sem essa premissa, encontram-se contradições e problemas porque já se começa com o pressuposto de que a Bíblia é cheia de contradições.

Conclusão

Quando pensamos na abordagem correta à Bíblia, a analogia do casamento pode nos ajudar. A única maneira de alguém adquirir "plena persuasão e certeza da infalível verdade e divina autoridade" das Escrituras é, tal como no casamento, primeiro firmar um compromisso. Esse compromisso é com Jesus Cristo, que ao longo da Bíblia é "o único meio de salvação do homem".

Esse é um dos motivos pelos quais a pergunta foi formulada desta forma: "Do que eu preciso para crer na Bíblia?" Na verdade, a própria Bíblia responde a essa pergunta. É necessário um "casamento" com o próprio Cristo, e esse casamento só pode ocorrer quando uma pessoa *ouve, crê, confia* e se apropria do que as Escrituras dizem. O que seria necessário, em outras palavras, é uma obra do Espírito Santo em nosso coração à medida que lemos e confiamos em Jesus. Então acreditaremos que aquilo que lemos é a Palavra de Deus.

Uma vez que cremos e começamos a ler a Bíblia, afirmamos que cremos em Jesus, não somente porque o vemos revelado em toda a Bíblia, mas também porque ao crer nele somos capazes de ver corretamente tudo mais.

Este é o ponto que precisamos reconhecer à medida que avançamos ao longo do restante deste livro. *A menos que reconheçamos essas verdades a respeito da Bíblia, não seremos capazes de entender por que cremos em qualquer outra coisa sobre o cristianismo.* Não é possível enfatizar demais esse ponto. Essas verdades sobre as Escrituras terão de ser nosso guia ao longo de todo o livro. Não poderia ser diferente. É o Espírito Santo que nos "persuade plenamente" pelas próprias palavras na Bíblia. Ela nos apresenta a "divina autoridade" a respeito de Deus, Jesus Cristo, milagres, a ressurreição etc. Assim, só podemos debater nossos "porquês" no contexto das respostas que o próprio Deus nos oferece em sua Palavra.

Ao confiar em Jesus e crer em sua Palavra começamos a ver o mundo e todas as outras coisas sob a luz de Deus.

Perguntas para reflexão

1. O fato de a Bíblia ter sido escrita ao longo de um período de dezesseis séculos é um ponto forte ou um ponto fraco? Explique.

2. Algumas pessoas disseram que os cristãos adoram um livro. É isso que o cristianismo quer dizer ao afirmar que a Bíblia é a Palavra de Deus?

3. Visto que nunca houve um concílio eclesiástico que tenha convencionado colocar os livros certos no Novo Testamento, como podemos ter certeza de que os livros ali são os certos?

4. Como, no caso das Escrituras, em quais outras autoridades temos de confiar primeiro, antes de podermos aprender com elas?

Leituras recomendadas

Garner, David B. *Did God Really Say? Affirming the Truthfulness and Trustworthiness of Scripture* [Será que Deus realmente disse? Declarando a veracidade e confiabilidade das Escrituras] (Phillipsburg: P&R, 2012).

Grudem, Wayne; C. John Collins; Thomas R. Schreiner. *Origem, confiabilidade e significado da Bíblia* (São Paulo: Vida Nova 2013).

MacArthur, John. *The Scripture Cannot Be Broken: Twentieth Century Writings on the Doctrine of Inerrancy* [As Escrituras não podem ser violadas: escritos do século vinte sobre a doutrina da inerrância] (Wheaton: Crossway, 2015).

Packer, J. I. *Havendo Deus falado* (São Paulo: Cultura Cristã, 2009).

Piper, John. *Uma glória peculiar* (São José dos Campos: Fiel, 2017).

Ridderbos, Herman N. *Redemptive History and the New Testament Scriptures* [História da redenção e as Escrituras do Novo Testamento]. Biblical and Theological Studies (Phillipsburg: P&R, 1988).

Warfield, B. B. *A inspiração e autoridade da Bíblia* (São Paulo: Cultura Cristã, 2010).

Capítulo 2
Por que crer em Deus?

Nas últimas décadas ocorreu um ressurgimento do ateísmo. Os novos ateístas apresentaram vários motivos pelos quais consideram impossível crer em um deus. Richard Dawkins, o falecido Christopher Hitchens, Sam Harris e Daniel Dennett são considerados os líderes do movimento Novo Ateísmo. Entre os livros de Dawkins estão *Deus, um delírio* (2006) e um anterior, *O Gene Egoísta* (1989). O livro de Hitchens *Deus não é grande* (2007) colocou-o definitivamente no campo do Novo Ateísmo. Sam Harris está nesse grupo em razão de suas obras *O fim da fé: religião, terror e o futuro da razão* (2004) e *Carta a uma nação cristã* (2008). Daniel Dennett, o único filósofo entre os quatro, escreveu *Quebrando o encanto: A religião como fenômeno natural* (2006). Esses livros inundaram o mercado editorial quase na mesma época. O ateísmo promovido em cada um deles motivou algo como um movimento "novo".

Razões

O ateísmo, naturalmente, não é novo. Qualquer leitura superficial da história da filosofia mostra que o ateísmo é um assunto predominante em grande parte da literatura. E o que há de "novo" no

Novo Ateísmo? Pelo menos uma parte do que é novo é a ousadia dos autores em exibir sua rejeição a um deus. Eles não só não creem em um deus. Eles argumentam que a crença em um deus é prejudicial à perpetuação e prosperidade da raça humana. Em outras palavras, eles não estão somente defendendo sua própria crença. Eles argumentam que o restante de nós deve crer (ou não crer) o que eles creem (ou não) a respeito de um deus.

Razões para não crer

Por exemplo, em seu livro *Deus não é grande* o já falecido Christopher Hitchens, o mais articulado dos quatro (em minha opinião), intitulou o segundo capítulo "Religião mata". Nesse capítulo ele relaciona uma imensidão de abusos religiosos — incluindo as cruzadas, as guerras religiosas, as abusos pessoais no contexto da religião, pessoas religiosas que afirmam ter poderes sobrenaturais — que envergonhariam qualquer pessoa, religiosa ou não. Hitchens superou a todos em sua habilidade de apontar para o pior da religião, seja do cristianismo, do islamismo ou do qualquer outra. Hitchens afirma:

> O nível de intensidade varia de acordo com o tempo e o lugar, mas é possível afirmar como sendo verdade que a religião não se satisfaz, a longo prazo não pode se satisfazer, com suas próprias alegações maravilhosas e garantias sublimes. Ela precisa tentar intervir na vida dos não crentes, dos hereges ou dos que professam outras crenças. Ela pode falar sobre a bem-aventurança do próximo mundo, mas quer o poder neste. E isso é de se esperar. Afinal, ela foi inteiramente feita pelo homem. E não tem confiança em suas

variadas pregações para sequer permitir a coexistência entre diferentes crenças.*

Ele começa esse capítulo com uma citação do filósofo Lucrécio (99-55 a. C.): "A tais alturas do mal os homens são levados pela religião." Hitchens é um mestre em sua arte, capaz de pintar todas as religiões tão escuras e ameaçadoras que praticamente qualquer pessoa passa a questionar a religião.

Se nos afastarmos um pouco, porém, e tivermos uma visão um pouco mais ampla do quadro que Hitchens nos apresentou, observaremos que sua obra começará a parecer mais com *Onde está Wally?*. Nas ilustrações de *Onde está Wally?* muitas coisas se parecem com vários aspectos de Wally, mas há apenas um Wally. A figura esconde engenhosamente o verdadeiro Wally.

A descrição da religião por Hitchens é bastante semelhante a *Onde está Wally?*. Os elementos dessa discussão assemelham-se ao real. Mas o verdadeiro cristianismo está obscurecido e oculto demais para ser observado com exatidão em qualquer coisa que ele descreve no livro.

A invectiva de Hitchens contra a religião *não* é contra a religião em si. O que ele discute em nome da religião são as atividades das quais pessoas religiosas participaram em nome de sua religião. Embora em alguns aspectos essas atividades possam se assemelhar a elementos da religião, elas não são a coisa real. Depois de ler suas descrições, qualquer um que esteja interessado no cristianismo perguntará: "Mas *onde* está o cristianismo?". Relatos de mau comportamento entre cristãos não são o cristianismo.

---

* Christopher Hitchens, *God Is Not Great: How Religion Poisons Everything* (New York: Twelve, 2007), 17 [edição em português: *Deus não é grande: como a religião envenena tudo* (Rio de Janeiro: Ediouro, 2007)].

Ao discutir os argumentos de Hitchens, precisamos fazer uma distinção que ele não fez. Devemos distinguir entre o que uma religião é e o que pessoas religiosas fazem. No contexto do cristianismo, é preciso distinguir entre o que é cristianismo e o que pessoas que alegam ser cristãs fazem. Também precisamos avaliar o que os cristãos fazem à luz do que o cristianismo é. Se levarmos em conta a visão do cristianismo a respeito do pecado — sua penetração e seus efeitos horríveis no mundo — é injusto igualar o comportamento de cristãos com a verdade que o cristianismo ensina. Nenhum cristão argumentaria que alguém deve crer em Deus com base no comportamento dos cristãos. Pelo contrário, no cristianismo a crença em Deus se fundamenta no que Deus fez e disse.

Richard Dawkins tem muitos motivos para não crer em Deus. Um deles está relacionado à maneira como ele entende as Escrituras:

> O Deus do Antigo Testamento é talvez o personagem mais desagradável da ficção: ciumento, e com orgulho; controlador mesquinho, injusto e intransigente; genocida étnico e vingativo, sedento de sangue; perseguidor misógino, homofóbico, racista, infanticida, filicida, pestilento, megalomaníaco, sadomasoquista, malévolo.*

Obviamente existe um preconceito profundo e perturbador que caracteriza o modo como Dawkins entende o Antigo Testamento.

Outro aspecto do ateísmo de Dawkins concentra-se no que há de errado no mundo. Observe como ele formula a questão:

> A quantidade total de sofrimento anual no mundo natural está além de toda a contemplação decente... Em um universo de forças físicas

---

* Richard Dawkins, *The God Delusion* (Boston: Mariner, 2008), 5 [edição em português: *Deus, um delírio* (São Paulo: Companhia das Letras, 2007).

e replicação genética cegas, algumas pessoas serão machucadas, outras pessoas terão sorte; você não achará qualquer sentido nele, nem qualquer tipo de justiça. O universo que observamos tem precisamente as propriedades que deveríamos esperar se, no fundo, não há projeto, propósito, bem ou mal, nada a não ser uma indiferença cega, impiedosa.*

Dawkins vê corretamente que há coisas terríveis em nosso mundo. Segundo ele, devemos esperar que as coisas sejam horríveis, se não há um projeto ou propósito, se não há bem ou mal no mundo.

Naturalmente, Dawkins não é capaz de entender a própria análise. Se ele de fato cresse no que escreveu, então uma crença na existência de Deus não seria má nem boa; não teria propósito ou projeto. Seria tão "indiferente" quanto o seu ateísmo. Ele não deveria perder tempo se preocupando com isso. Mas ele gasta o tempo com isso — de maneira provocadora.

Dawkins tem ainda mais queixas. Em relação àqueles que não acreditam que as pessoas evoluíram aleatoriamente a partir de matéria inanimada, Dawkins diz: "É absolutamente garantido dizer que se você encontrar alguém que alega não acreditar na evolução, essa pessoa será ignorante, imbecil ou louca (ou perversa, mas eu prefiro não considerar essa hipótese)."** Por que uma rejeição da evolução deveria ser julgada de modo tão severo, se levarmos em conta o ateísmo de Dawkins? Se a realidade é completamente indiferente, como Dawkins alega, uma negação da evolução é tão indiferente quanto sua afirmação. Dawkins quer nos fazer acreditar que no final das

---

* Richard Dawkins, *River Out of Eden: A Darwinian View of Life*, Science Masters Series (New York: Basic, 1996), 132 [edição em português: *O Rio que Saía do Éden* (Rio de Janeiro: Rocco, 1996)].
** Richard Dawkins, resenha de Maitland A. Edey e Donald C. Johanson, *Blueprints: Solving the Mystery of Evolution* [Esquemas: solucionando o mistério da evolução], *New York Times*, 9 de abril de 1989.

contas nada importa na verdade. Mas sua linguagem indica que algumas coisas o incomodam profundamente. E incomodam tão profundamente que ele está disposto a questionar o caráter das pessoas que discordam dele.

Razões para crer

Uma das razões mais populares para crer em Deus é que a maioria das pessoas crê e creu ao longo de toda história humana. Em uma pesquisa realizada em 2015, o Grupo Barna constatou que apenas uma pessoa em cada quatro é ateísta, cética ou agnóstica. Isso significa que 75% das pessoas creem em um Deus. Em qualquer estimativa, se três quartos de um grupo creem em alguma coisa, isso pode ser descrito como crença dominante.*

Esse tipo de razão para crer em Deus é chamado de argumento *consensus gentium* ("concordância entre as pessoas"). Ele ficou famoso com o orador Cícero (106–7 a.C.), que disse: "Nunca houve uma nação tão bárbara, ou um povo tão selvagem, que estivesse destituído da crença na existência de deuses."** O argumento de Cícero foi repetido muitas vezes ao longo da história, inclusive durante a história da Igreja.

Para mostrar apenas um exemplo, em seu debate sobre o conhecimento universal de Deus que habita em todas as pessoas (falaremos mais a respeito posteriormente) João Calvino referiu-se a Cícero em um de seus escritos:

---

* Veja <https://www.barna.org/barna-update/culture/713-2015-state-of-atheism-in-america#.VtSnhpMrKHr>.
** Esta é uma citação de *Tusculan Disputations* [Discussões tusculanas], LXIII, e está disponível em <http://www.gutenberg.org/files/14988/14988-h/14988-h.htm>.

Certamente, se em algum lugar se haja de procurar ignorância de Deus, em nenhuma parte é mais provável encontrar exemplo disso que entre os povos mais retrógrados e mais distanciados da civilização humana. E todavia, como o declara aquele pagão, não há nenhuma nação tão bárbara, nenhum povo tão selvagem, no qual não esteja profundamente arraigada esta convicção: Deus existe!*

O "pagão" ao qual Calvino se refere aqui é Cícero. O ponto do argumento da "concordância entre as pessoas" não é que todas as pessoas de todas as épocas e em todos os lugares creram numa divindade. Sempre houve alguns que não creram ou permaneceram agnósticos em relação à crença em um deus. O ponto é que há um número significativo de pessoas ao longo da história que professou crer em algum tipo de divindade e consequentemente praticou algum tipo de ritual religioso.

Um argumento como o da "concordância entre as pessoas" pode apoiar a verdade de uma divindade, mas não é suficiente para provar essa verdade. O problema é que "um número significativo" de pessoas que creram em alguma coisa está longe de ser uma prova. Houve um tempo em que um número significativo de pessoas acreditava que o sol girava em torno da Terra. Havia evidências para essa crença, e as pessoas eram capazes de fazer previsões astronômicas acreditando nisso. A crença foi um erro. Surgiram evidências melhores, e foi possível fazer previsões melhores e mais precisas quando ficou demonstrado que a Terra e os outros planetas giravam em torno do sol. O melhor que um argumento de "concordância entre as pessoas" é capaz de oferecer é que a existência de uma divindade é provável,

---

* João Calvino, *Institutes of the Christian Religion*. Edição de John T. McNeill; tradução para o inglês de Ford Lewis Battles, vol. 1, The Library of Christian Classics (Louisville: Westminster John Knox Press, 2011), 44 [edição em português disponível em <http://www.protestantismo.com.br/institutas/joao_calvino_institutas1.pdf>].

tendo em vista o que sabemos no momento. Mas nenhum indivíduo religioso se satisfaz com a ideia de que Deus provavelmente existe.

Razões "internas"

Deve haver motivos melhores para crer em Deus do que o argumento da "concordância entre as pessoas". E há.

Uma das razões pelas quais Calvino se refere a Cícero, como na citação anterior, não é porque Calvino considera que o argumento da "concordância entre as pessoas" é um argumento forte e conclusivo a favor da existência de Deus. Calvino está explicando um dos motivos pelos quais a maioria das pessoas, de qualquer época, acredita em alguma espécie de divindade.

A razão dessa visão majoritária não é que a maioria das pessoas recebeu uma prova conclusiva da existência de Deus. E nem que a maior parte das pessoas estudou o assunto a fundo. O que Calvino vê corretamente é que a própria "concordância entre as pessoas" é a evidência de uma verdade mais profunda. Calvino chama essa verdade mais profunda de "senso de divindade". Ele a explica como segue:

> Que existe na mente humana, e na verdade por disposição natural, certo senso da divindade, consideramos como além de qualquer dúvida. Ora, para que ninguém se refugiasse no pretexto de ignorância, Deus mesmo infundiu em todos certa noção de sua divina realidade, da qual, renovando constantemente a lembrança, de quando em quando instila novas gotas, de sorte que, como todos à uma reconhecem que Deus existe e é seu Criador, são por seu próprio testemunho condenados, já que não só não lhe rendem o culto devido, mas ainda não consagram a vida a sua vontade.*

---

* Ibid., 43-44.

Quando Calvino decidiu escrever suas *Institutas*, baseou sua escolha nos assuntos que o apóstolo Paulo discute na carta aos Romanos. Calvino começa seu livro da mesma maneira que Paulo inicia Romanos — com o "Conhecimento de Deus, o Criador".

Nós temos um instinto natural que o próprio Deus implantou em nós, o qual inclui um conhecimento de Deus e uma compreensão de sua majestade. Calvino explica esse fato com base no capítulo de abertura de Romanos (1:18-20):

> Portanto, a ira de Deus é revelada dos céus contra toda impiedade e injustiça dos homens que suprimem a verdade pela injustiça, pois o que de Deus se pode conhecer é manifesto entre eles, porque Deus lhes manifestou. Pois desde a criação do mundo os atributos invisíveis de Deus, seu eterno poder e sua natureza divina, têm sido vistos claramente, sendo compreendidos por meio das coisas criadas, de forma que tais homens são indesculpáveis.

Há muito a dizer sobre o ensino da Bíblia nesses três versículos, mas precisamos apenas apresentar um resumo das verdades essenciais nesse trecho.* O propósito inicial de Paulo na carta aos Romanos é mostrar que todas as pessoas, tanto judeus quanto gentios, estão debaixo da maldição do pecado (veja Romanos 3:9). Cada um de nós está sujeito à ira de Deus (1:18). O quadro que Paulo pinta nessa passagem, porém, é um quadro que inclui o processo "interno" de nossa rebelião contra Deus. A ira de Deus é a sua resposta à *nossa* resposta a ele!

---

* Para uma discussão mais detalhada e exegética sobre a argumentação de Paulo nesse trecho das Escrituras, veja K. Scott Oliphint, "The Irrationality of Unbelief" [A irracionalidade da descrença], em *Revelation and Reason: New Essays in Reformed Apologetics* [Revelação e razões: novos ensaios na apologética reformada], eds. K. Scott Oliphint e Lane G. Tipton (Phillipsburg: P&R, 2007).

Ao escrever sob a inspiração do Espírito Santo, Paulo ensina que nosso pecado é o que é porque, como criaturas de Deus, todos nós o conhecemos. O conhecimento que temos dele não é um conhecimento capaz de nos salvar. Para isso precisamos do conhecimento de Jesus e de sua obra. Mas ainda assim, o conhecimento que temos de Deus é um conhecimento real e verdadeiro de Deus, o Criador (veja Romanos 1:21).

A categoria teológica muitas vezes aplicada à discussão de Paulo aqui é chamada "revelação geral de Deus". A revelação geral de Deus é aquela que constantemente transparece por meio de tudo o que ele fez (veja Salmos 19:1-8). Essa revelação dada por Deus produz conhecimento em nós. Isso significa que todos nós conhecemos Deus verdadeiramente.

Nosso conhecimento de Deus não se deve nem está condicionado ao que pensamos a respeito do que vemos, ou porque somos capazes de apresentar uma prova conclusiva da existência de Deus. Não é isso que Paulo está pensando nessa passagem. Ao contrário, nós conhecemos Deus por intermédio do que ele fez, porque "Deus [o] manifestou" (Romanos 1:19, grifo nosso). Em outras palavras, Deus se revela por meio do que ele fez, e essa revelação chega até nós. Deus não falha em sua tarefa de se tornar conhecido àqueles que ele fez à sua imagem.

Deus usa o que ele fez para implantar essa verdade em nós. O resultado é que todos nós ficamos "sem desculpas". Ninguém ficará diante de Deus no dia do Juízo e dirá: "Eu não o conhecia", ou "O Senhor nunca me revelou quem é". Todas as criaturas humanas de Deus conhecem "os atributos invisíveis e de Deus, seu eterno poder e sua natureza divina" (v. 20).

É por isso que Calvino diz que Deus "implantou" esse senso de divindade em nós. A revelação natural é atividade de *Deus*, não nossa. Paulo prossegue explicando que o conhecimento de Deus dado continuamente a nós, continuamente também é suprimido por nós por causa do pecado. Nós o reprimimos; não o queremos. Em nosso pecado, não nos submeteremos a Deus nem o seguiremos. Nós nos recusamos a dar-lhe honra ou graças (v. 21).

Há mais aspectos na discussão de Paulo que precisam ser mencionados. No último versículo deste capítulo (v. 32), Paulo diz: "Embora conheçam o justo decreto de Deus, de que as pessoas que praticam tais coisas merecem a morte, não somente continuam a praticá-las, mas também aprovam aqueles que as praticam." Aqui Paulo ainda está discutindo a "revelação geral". Essa revelação inclui o fato de que todas as pessoas conhecem "o justo decreto de Deus". Com essa frase, Paulo se refere (como veremos no capítulo 2) às "exigências da lei" que estão escritas no coração de cada ser humano (Romanos 2:15). Nosso conhecimento "natural" de Deus inclui também o conhecimento do que Deus exige de nós. Essas exigências não serão tão específicas quanto as que temos nas Escrituras, mas elas incluem o que significa honrar a Deus e dar-lhe graças.

Agora começamos a ver uma maneira de compreender melhor a "concordância entre as pessoas". Temos uma interpretação bíblica sobre por que a maioria das pessoas em todas as épocas manteve algum tipo de crença em um Deus. Paulo nos oferece uma razão dupla: (1) Todo indivíduo conhece o verdadeiro Deus; cada ser humano carrega a verdade que Deus implanta em nós, inclusive um conhecimento do que ele exige de nós. (2) Quando nos recusamos a reconhecer aquilo que sabemos ser verdade e, ao contrário, reprimimos esse conhecimento, nossa repressão se refletirá na confecção de ídolos e na criação de outras religiões com o objetivo de evitar a verdade que Deus nos oferece continuamente. Assim, de acordo com Paulo, em nossa repressão substituímos a verdade por "imagens" (Romanos 1:23). Essas imagens (ídolos) são os deuses que idolatramos e aos quais servimos (v. 25).

O fato de tantas pessoas ao longo da história terem sido tão religiosas não é um argumento *a favor* da existência de Deus. Ao contrário, se deixarmos as Escrituras interpretarem a "concordância entre as pessoas", nós a veremos como evidência de que as pessoas conhecem a Deus e, ainda assim, em sua rebelião contra esse conhecimento, se recusam a se submeter a ele. Em outras palavras, o argumento da "concordância entre as pessoas" é o que é por causa do conhecimento verdadeiro de Deus que todas as pessoas têm. Contrariando a ideia de que a "concordância entre as pessoas" aponta para frente, para a conclusão de que provavelmente existe um deus, ela aponta para trás, para o conhecimento do verdadeiro Deus que todas as pessoas têm (ainda que tentemos reprimir esse conhecimento), porque todos nós fomos feitos à imagem de Deus.

Nós cremos em Deus porque somos seres humanos. Fomos feitos à imagem de Deus, pelo Deus que continuamente se deixa conhecer por cada um de nós. Nesse sentido, a crença em Deus é algo que, sempre, e em qualquer lugar, se impõe a nós profundamente em nosso coração. É a coisa mais natural que podemos fazer.

Razões "externas"

O motivo pelo qual usamos aspas para razões "internas" e "externas" nesta seção é a intenção de distinguir entre dois aspectos que na verdade estão interligados. A revelação de Deus na e através da criação, sempre, e em todo lugar, é tanto "interna" quanto "externa". Esses dois lados estão tão estreitamente conectados que é impossível separá-los.

A distinção é útil, pois, como discutimos na seção anterior, o aspecto "interno" da revelação de Deus nos ajuda a ver o argumento da "concordância entre as pessoas" pelo que ele é. É um testemunho do fato de que (internamente) todas as pessoas conhecem o Deus verdadeiro, mas, em sua rebelião, tentam reprimir esse conhecimento.

Essa repressão cria a idolatria. Nós vamos crer em *um* deus — uma imagem que adoraremos e à qual serviremos —, mas não reconheceremos o verdadeiro Deus.

Do mesmo modo, quando pensamos nas razões "externas" para crer em Deus, não estamos pensando especificamente no que Deus "infundiu" em nós (para usar a palavra de Calvino), mas no que Deus nos mostra externamente, por meio do mundo que experimentamos todos os dias.

Isso também é o que Paulo tem em mente em Romanos 1:18-2:23. Deus se dá a conhecer "por meio das coisas criadas". Ele dirige nossa atenção para nós mesmos (razões "internas"), mas também para o mundo à nossa volta (razões "externas"). A revelação de Deus está em toda a criação, dentro e fora de nós. Essa revelação confere certa força a algumas das chamadas "provas" da existência de Deus.

Por exemplo, um dos argumentos mais populares a favor da existência de Deus é o argumento de causa e efeito (muitas vezes chamado de "argumento cosmológico"). Existem variações dele, mas em resumo ele significa mais ou menos o seguinte: tudo o que passa a existir tem uma causa; o universo passou a existir; portanto, Deus causou o universo.

Um argumento como esse é muito óbvio para qualquer cristão. Ele é convincente para cristãos porque reconhecemos a verdade bíblica que transmite. Mas e para quem não é cristão? O que um ateu, por exemplo, pensa sobre esse argumento? Não precisamos adivinhar a resposta. Em um ensaio chamado "Por que não sou cristão", o famoso ateu britânico Bertrand Russel disse o seguinte a respeito do argumento da "Causa Primordial" (cosmológica):

> Posso dizer que, quando eu era jovem e debatia essas questões com muita seriedade em minha mente, durante muito tempo aceitei o argumento da Causa Primordial, até o dia em que, aos dezoito anos, li a autobiografia de John Stuart Mill e lá encontrei a seguinte frase:

> "Meu pai me ensinou que a pergunta 'Quem me fez?' não pode ser respondida, já que imediatamente sugere a pergunta seguinte 'Quem fez Deus?'". Essa frase extremamente simples me mostrou, como ainda penso, que o argumento da Causa Primordial é uma falácia. Se tudo precisa ter uma causa, então também Deus deve ter uma causa. Se é possível que exista qualquer coisa sem causa, isso tanto pode ser o mundo quanto Deus, de modo que não pode haver validação nesse argumento.*

Russel reconheceu que a noção de que tudo deve ter uma causa inclui Deus. Se alguém quiser argumentar que Deus não foi causado, por que não acreditar simplesmente que o universo não foi causado?

Em alguns aspectos podemos ver o problema na análise desse argumento por Russel. Poderíamos dizer-lhe algo como: "Mas, Lord Russel, o senhor não vê? A própria ideia de Deus pressupõe alguém que não pôde ser causado por coisa alguma. A questão não é que tudo tem uma causa, e sim que todo efeito tem uma causa. Deus não é um efeito." E provavelmente Russel responderia: "Primeiro você diz que tudo o que passa a existir tem uma causa, depois você diz que Deus não teve causa. Vejo que você acredita nisso. O problema é a ideia de um Deus não causado, na qual não acredito. Estou bastante satisfeito em ter uma causa e um efeito para tudo. Não preciso de uma causa não causada."

Deveríamos nos sentir encorajados quando deparamos com esses argumentos, pois têm um apelo muito forte. Eles têm um apelo quase esmagador porque o conhecimento de Deus em nós está associado à revelação de Deus fora de nós. O universo teve uma causa. A causa de todas as coisas é Deus (Gênesis 1:1). Dizer isso é afirmar o que o próprio Deus revela em toda a criação.

---

* Ensaio disponível em <http://lelivros.stream/book/baixar-livro-porque-nao-sou-cristao-bertrand-russell-em-pdf-epub-e-mobi/>.

Russel e todos os outros que estão em rebelião contra Deus trabalham incansavelmente para suprimir o que é óbvio no mundo. Para ele, crer num universo não causado é tudo o que ele precisa. Ele não precisa de um Deus não causado. Ele acreditará num universo não causado, não porque o argumento "cosmológico" é fraco em si mesmo, mas porque sabe que concordar com a conclusão do argumento o obrigaria a se arrepender, honrar a Deus e dar-lhe graças. Como rebelde contra Deus, ele distorce o argumento. Se não o fizesse, seria obrigado a perguntar como pode ser perdoado pelo Deus que ofendeu. Mas sua revolta o levará para longe dessa exigência, e o pecado dentro dele o impelirá com todo o seu poder a evitar o reconhecimento da situação.

Já se procuraram outros argumentos "externos" para crer em Deus. O fato de que nossa existência é limitada e dependente significa que algo deve existir com existência ilimitada e independente. O intrincado projeto do universo — tanto em seus menores elementos, bem como nos bilhões de galáxias — exige alguém maior que tenha projetado tudo. "Você não topa com um relógio no meio do deserto", prossegue o argumento, "sem reconhecer que um aparelho tão complexo e tão bem projetado deve ter sido feito por uma pessoa inteligente e habilidosa".

Todas essas evidências "externas" de Deus de fato testificam sua existência. Cada uma delas revela que Deus existe e é quem afirma ser. Esses não são fatos que simplesmente estão aí para que os interpretemos como quisermos. Antes de mais nada, são fatos de Deus, visto que ele se revela em cada um deles. Destacá-los como provas da existência de Deus é destacar o que deveria ser óbvio para todos.

No entanto, o pecado obscurece, distorce e oculta o que é óbvio. Ele nos cega, ensurdece e deixa-nos como cadáveres quando se trata das coisas de Deus. Como, então, podemos pedir que os cegos vejam, os surdos ouçam, e os cadáveres revivam?

Cavando bem fundo

Quando pensamos nas razões pelas quais algumas pessoas não creem em Deus, precisamos ir além da superfície dessas crenças. Não será suficiente apenas dizer-lhes que precisam de uma causa não causada, ou de um Projetista, ou de alguém cuja existência é necessária. Essas afirmações são verdadeiras, mas nem sempre chegam até o núcleo do problema.

Por exemplo, vamos usar a objeção de Russel. Ele diz, na verdade: "se é necessário que exista algo sem uma causa, isso pode muito bem ser o mundo, e não Deus." Se pensarmos cuidadosamente no que ele diz, conseguiremos chegar mais perto de seu real motivo para rejeitar Deus.

Nós poderíamos questionar como é possível que, se estivermos procurando uma causa "não causada", o mundo seja um candidato tão bom quanto Deus? Ou, com base no que Russel pode acreditar que o mundo não tem uma causa? Como ele prosseguiria a argumentação a favor dessa crença?

Russel defende que devemos crer apenas no que podemos provar pelas evidências. E que evidências temos de que o mundo não tem uma causa? Ele mesmo estaria numa posição complicada se tentasse responder a essa pergunta. A ciência ainda não descobriu nada que não tenha uma causa. Tudo o que conhecemos sobre o mundo, até onde é possível saber, depende de outros aspectos do mundo para ser o que é. Russel não seria capaz de indicar um único aspecto no mundo que não tenha sido causado por algo.

Por que imaginar que um mundo não causado é uma resposta tão boa quanto um Deus não causado? A resposta é óbvia. Russel decidiu que é melhor ter fé, uma fé cega, de que o mundo não tem uma causa do que crer que Deus o causou. Não há nenhuma evidência indicando que o mundo não teve uma causa. No entanto Russel crê nisso, não obstante a falta de evidências ou apoio. Essa é a própria definição de "fé cega".

Ao contrário de Russel, o ateu Thomas Nagel é muito mais honesto quanto ao seu ateísmo. Em vez de fingir que está sendo meticulosamente científico em seu ateísmo, Nagel diz:

> Quero que o ateísmo seja verdade e não me sinto à vontade com o fato de que muitas das pessoas mais inteligentes e bem informadas que conheço têm credos religiosos. Não se trata apenas de eu não acreditar em Deus e, naturalmente, esperar que esteja correto em minha convicção. É que eu espero que não exista Deus! Eu não quero que *exista um Deus*; não quero que o universo seja assim. Meu palpite é que esse problema de autoridade cósmica não é uma eventualidade rara e é responsável por muito do cientificismo e reducionismo do nosso tempo. Uma das tendências que aí encontra apoio é o ridículo abuso da biologia evolucionista para explicar tudo sobre a vida, incluindo tudo sobre a mente humana... Essa é uma situação um tanto quanto ridícula.*

O problema de Russel com o argumento de causa e efeito é que ele cegamente opta por encerrar a discussão com uma crença sem fundamento em um universo sem causa. E ele o faz não porque é mais científico ou racional. Ele o faz porque, como Nagel, ele não quer que exista um Deus!

É isso o que Paulo quer dizer ao falar da supressão da verdade. Deus causou o universo. Russel sabe disso porque conhece a Deus, e todos aqueles que o negam também sabem. Mas o conhecimento que Deus lhes dá é constantemente abafado. Eles jamais admitirão a verdade até que sua vontade seja transformada. Ao contrário, eles interpretarão as palavras de uma maneira que levará a uma "fé cega". O

---

* Thomas Nagel, *The Last Word* (Oxford: Oxford University Press, 2001), 130-31 (grifo nosso) [edição em português: *A última palavra* (São Paulo: Ed. UNESP, 2001)].

problema com Russel e com todos aqueles que preferem reprimir a verdade não é que as evidências externas e internas são insuficientes para que creiam em Deus. O problema, como diz Nagel, é que eles não querem que exista um Deus!

Respostas

O que fazer, então, se o problema é o que as pessoas querem, e não o que elas pensam?

Nesta seção eu gostaria de mostrar como podemos responder a pessoas cujo coração está decidido a não crer em Deus. Ainda que no fundo a questão continue sendo um problema de coração, muitas vezes o coração muda por meio da mente. Ou, em outras palavras, uma das maneiras de estimular o coração é desafiar a mente.

Continuemos com os exemplos que já usamos no início do capítulo. Você se lembra da objeção de Christopher Hitchens à religião? No subtítulo de seu livro, ele se queixa de que a "religião envenena tudo". Ele se irrita porque a religião "não é capaz de se satisfazer com suas reivindicações maravilhosas e presunções sublimes. Ela *precisa* tentar interferir na vida dos não crentes, hereges ou adeptos de outras crenças".

A pergunta óbvia que queremos lhe fazer é: "O que há de *errado* em interferir na vida de outros?" Ou, de modo mais genérico, poderíamos perguntar: "O que há de errado em envenenar tudo?"

Temos de reconhecer que quando fazemos essa pergunta não a fazemos por nós. Estamos pedindo que Hitchens, ou que alguém como ele, nos diga por que, segundo seu próprio código moral ateu, é ruim interferir ou envenenar a mente de outras pessoas.

Fazer essa pergunta nos leva a um dos muitos problemas mais profundos daqueles que se recusam a crer em Deus. Se não há um Deus, então como podemos definir o que é bom e o que é ruim?

Com base em que pessoas como Hitchens acusam os cristãos de algo ruim?

Não basta recorrer a argumentos como a "concordância entre as pessoas". Havia uma "concordância entre as pessoas" na Alemanha nazista. Existe uma "concordância entre as pessoas" que são terroristas islâmicos. Quando procuramos por fundamentos para o que é bom e o que é mau, a resposta da "concordância entre as pessoas" consegue "provar" qualquer coisa que um grupo de pessoas considere adequado.

Nós também poderíamos perguntar a Hitchens como a "interferência" de cristãos junto a "não cristãos" é ruim, mas a interferência do próprio Hitchens aparentemente é adequada. Por que, por exemplo, é ruim que os cristãos "não se satisfaçam com as próprias "reivindicações e presunções", mas não quando Hitchens mostra essa insatisfação? Será que escrever artigos e livros que promovem e vendem ateísmo e o ódio contra tudo o que é religioso não ultrapassa os limites da satisfação pessoal para "interferir" na vida de outros que não creem como ele crê? Será que o fato de ter viajado pelo mundo todo propagando seus pontos de vista não revela um zelo primário pelo *seu* ponto de vista? Como Hamã, Hitchens está pendurado na forca que ele mesmo construiu para outros (veja Ester 7:10). Ele está preso na armadilha das próprias palavras.

O mesmo problema assola Richard Dawkins. Tudo o que temos de fazer é investigar um pouco mais profundamente sua afirmação e mostrar o quanto ela é absurda. Dawkins pensa que o universo exibe uma "indiferença implacável", e diz que qualquer pessoa contrária à evolução aleatória é idiota ou insana (talvez até mesmo perversa).

A questão é, obviamente, por que qualquer oposição à evolução não é indiferente? Com base nas próprias palavras, que diferença faz se alguém é idiota ou insano? Será que o fato de ele afirmar que, por dedução, a evolução é a teoria dos inteligentes e racionais significa que na opinião dele acreditar nisso não é indiferente e sim melhor (porque é verdade)? Mas como alguma coisa pode ser "melhor" (ou "verdadeira") se tudo o que há são acontecimentos cegos, aleatórios, combinados em absoluta indiferença? Será que isso não significa que tudo o que Dawkins acredita também é um produto de acontecimentos cegos e aleatórios, e absolutamente indiferentes? Se ele realmente cresse nisso, será que gastaria tanto tempo e tanta energia para tentar convencer os demais do seu ponto de vista? Parece que a forca de Hamã está ficando cada vez mais cheia de gente.

Isso vale para qualquer ponto de vista sobre a evolução dos seres humanos. Qualquer processo aleatório que, sozinho, supostamente produz pensamentos e ideias humanas por definição só pode resultar em pensamentos e ideias aleatórias. Como muitos pensadores demonstraram, tudo o que a natureza consegue fazer é produzir mais natureza. Ela não é capaz de produzir racionalidade, moralidade, justiça, ou amor, ou qualquer outra coisa que nos torna verdadeiramente humanos.

Conclusão

Nem todos são tão estridentes quanto os novos ateus. A maioria das pessoas que não acredita em Deus vive a vida toda sem animosidade explícita contra o cristianismo e sem argumentar ou dar explicações detalhadas a respeito da sua ausência de crença. O que dizemos a essas pessoas sobre nossa crença em Deus?

A boa notícia é que não importa quão articulada e educada seja a negação de Deus, o diagnóstico é sempre o mesmo. Você se lembra de como Dawkins descreveu o "Deus do Antigo Testamento"? Segundo ele, entre outros adjetivos esse Deus é "o personagem mais desagradável da ficção; ciumento, e com orgulho; controlador mesquinho, injusto e intransigente; genocida étnico e vingativo, sedento de sangue".

Qualquer cristão que ler essa descrição se encolherá horrorizado. Por que tanto ódio e sentimento de vingança contra Deus? A resposta foi dada concisamente por Nagel: "É que eu espero que Deus não exista! Eu não quero que exista um Deus".

No fundo, Dawkins não é diferente de qualquer outro que não quer crer em Deus. Sua falta de fé não se deve à escassez de evidências — já vimos que a criação como um todo é uma prova clara da existência de Deus. Também não se deve ao fato de não ter ouvido o argumento certo. No fim das contas, para Dawkins, Hitchens e todos os outros, a realidade é que eles "não querem que um deus exista".

O filósofo francês Jean-Paul Sartre foi honesto quanto ao seu ateísmo. Ele não queria que houvesse um deus porque sabia que se houvesse, ele não poderia ser livre. O problema está no que eles querem. É um problema do coração rebelde.

O propósito das nossas críticas é mostrar a irracionalidade da proposta daqueles que se recusam a crer. Porém, mesmo se essas críticas convencerem, não devemos nos acomodar. Ainda precisamos ajudar as pessoas a reconhecer a alternativa.

A única coisa suficientemente poderosa para mudar a rebeldia do coração humano, que é escravo do pecado, é a verdade de Deus no evangelho. Isso se aplica àqueles como Dawkins, que afirma ter um motivo científico ou racional para não crer, e a outros cujas razões são menos detalhadas ou elaboradas. As correntes do pecado que prendem o coração precisam ser quebradas. Somente o evangelho pode fazer isso.

Porém, se quisermos ajudar outros a entenderem por que cremos, precisamos fazê-lo apelando para a verdade. Essa verdade inclui o conhecimento "interno" de Deus, que todas as pessoas têm. Ela inclui também a evidência "externa" de Deus, universalmente presente, visto que Deus constantemente fala nas e através das coisas que criou. Em um plano mais pessoal, ela inclui o fato de que precisamos crer em Jesus Cristo e confiar nele para nos salvar do nosso pecado.

Iniciamos este livro com a frase perspicaz de C. S. Lewis: "Creio no cristianismo como creio que o sol nasce todo dia; não apenas porque o vejo, mas porque através dele eu vejo todas as outras coisas." Esse é o ponto que precisamos lembrar quando tentamos responder à pergunta do porquê crermos em Deus e por que outros também deveriam crer.

Não será suficiente apenas dizer que cremos em Deus por causa de algumas evidências, pois, como vimos, toda evidência é interpretada por pessoas. Se essas pessoas não virem as evidências pelo que são, será preciso dizer mais. Temos de ajudar as pessoas a entender por que, sem minha crença em Deus, não consigo ver corretamente qualquer outra coisa no mundo. Minha crença no Deus cristão ilumina o mundo, oferece uma visão adequada e clara dele — e de mim mesmo como pecador.

Com minha crença em Deus eu tenho um padrão do que é certo e errado. Diferentemente de Hitchens, posso explicar por que é errado envenenar tudo (embora eu também tenha de explicar por que o pecado, e não o cristianismo, envenena tudo). Para aqueles como Nagel, que crê que sua descrença provém de sua vontade, posso explicar como o pecado associou de tal forma nossa vontade à rejeição a Deus que apenas algo tão sobrenatural e poderoso quanto a boa nova do evangelho é capaz de quebrar esse vínculo.

Quanto à pergunta: "Por que você crê em Deus?", podemos começar o raciocínio sobre o que significa "ver" e compreender tudo por meio de Cristo. Fora dessa crença, não há "sol" que nos permita ver tudo corretamente. Sem nossa crença em Deus, continuamos cegos, surdos e mortos para a glória de Deus no mundo. Somente Deus, no evangelho que dá vida, é capaz de mudar isso.

Perguntas para reflexão

1. Em sua opinião, qual é o argumento mais convincente contra a existência de Deus e por quê?

2. Em sua opinião, qual é o argumento mais convincente a favor da existência de Deus e por quê?

3. Explique por que sua crença em Deus não é uma "fé cega".

4. Qual é a relação entre sua crença em Deus e sua fé em Jesus?

Leituras recomendadas

Edgar, William. *Razões do coração: reconquistando a persuasão cristã* (Brasília: Refúgio, 2000).

Oliphint, K. Scott. *A batalha pertence ao Senhor* (Brasília: Monergismo, 2013).

Oliphint, K. Scott. *Covenantal Apologetics: Principles and Practice in Defense of Our Faith* [Apologética da aliança: princípios e práticas na defesa de nossa fé] (Wheaton: Crossway, 2013).

Oliphint, K. Scott. *Should You Believe in God? Christian Answers to Hard Questions* [Será que você deveria crer em Deus? Respostas cristãs a perguntas difíceis] (Phillipsburg: P&R, 2013).

Van Til, Cornelius. *Apologética cristã* (São Paulo: Cultura Cristã, 2011).

Capítulo 3
Por que crer em Jesus?

Nunca me esquecerei de quando levei minha família ao espetáculo de Natal no *Radio City Music Hall*. Ouvira comentários a respeito durante anos e fiquei extremamente feliz por todos nós termos oportunidade de ir. O espetáculo estava recheado de canções de Natal, incluindo vários números de dança das Rockettes e uma participação especial do Papai Noel.

No final da apresentação de Natal, fiquei chocado quando a última cena começou. Por alguma razão, eu nunca havia ouvido falar nessa cena, de modo que estava totalmente despreparado. Homens vestidos como pastores começaram a surgir no palco; outros vestidos como "sábios" conduziam seus camelos para o cenário. A cena mostrava um homem e uma mulher, ambos com vestes como as usadas no primeiro século no Oriente Médio, que olhavam para uma manjedoura. Havia uma criança na manjedoura. Cada um que entrava no palco se juntava aos demais, curvando-se diante dessa criança. Então um homem de voz grave narrou o seguinte:

> Ele nasceu numa aldeia obscura
> Filho de uma camponesa
> Cresceu em outra aldeia obscura
> Onde trabalhou numa carpintaria
> Até os trinta anos, quando a opinião pública se voltou contra ele

Por que você acredita?

Jamais escreveu um livro
Jamais teve um escritório
Jamais cursou uma faculdade
Jamais visitou uma grande cidade
Jamais viajou para além de trezentos quilômetros
Do lugar em que havia nascido
Não fez nada
Daquilo que em geral é associado à grandeza
Não tinha credenciais além dele mesmo

Tinha apenas trinta e três anos
Seus amigos fugiram
Um deles o negou
Foi entregue nas mãos de seus inimigos
E suportou o escárnio de um julgamento
Foi pregado numa cruz entre dois ladrões
Enquanto morria, seus executores lançaram sortes por suas vestes
Sua única propriedade na terra

Depois de morto
Foi levado a um túmulo emprestado
Graças à compaixão de um amigo
Dezenove séculos vieram e se foram
E hoje Jesus é a figura central da raça humana
E o líder do progresso da humanidade
Todos os exércitos que algum dia marcharam
Todos os navios que algum dia navegaram
Todos os parlamentos que algum dia se reuniram
Todos os reis que um dia governaram
Nenhum deles afetou a vida da humanidade na Terra
De modo tão poderoso quanto aquela vida solitária*.

---

* Adaptado de um sermão do Dr. James Allan Francis por volta de 1926.

Neste momento, ao final de uma celebração secular de Natal, houve uma tentativa de mudar o foco. O objetivo era conduzir o público do mito de Papai Noel para a realidade da "vida solitária" de Jesus Cristo.

O modo como o cenário se configurou ao final desse espetáculo também é surpreendente. À medida que pessoas e animais andam em volta dessa criança na manjedoura, todos se curvam e a adoram.

Mas por que alguém iria adorá-la? Por mais poética que seja a narrativa citada, não há nada em seu conteúdo que leve à adoração. Podemos ficar impressionados com a influência dessa "vida solitária". Podemos nos perguntar o que a tornou tão influente. Mas o poema diz claramente que aquele que levou essa "vida solitária" morreu e foi colocado em um túmulo emprestado. E termina aqui. Por que adorar esse homem morto que influenciou tanta gente? Será que não há muitas outras pessoas com influência significativa e que morreram?

Por onde começamos?

Como em qualquer jornada, o lugar de onde começamos é muito importante. Se quisermos saber como chegar a algum lugar, a primeira coisa a fazer é identificar o ponto de partida. Não podemos ir daqui para ali, a menos que saibamos onde é aqui. O mesmo se aplica se quisermos entender corretamente quem é Jesus. Em nossa busca, temos de definir por onde começar.

No século dezenove houve um movimento conhecido como "A busca pelo Jesus histórico". Esse movimento foi uma tentativa de descobrir e escrever sobre a vida de Jesus do ponto de vista puramente naturalista. Em outras palavras, talvez a vida de Jesus não tivesse nada de sobrenatural. David F. Strauss, para usar apenas um exemplo, escreveu *The Life of Jesus* [A Vida de Jesus].* Nessa obra, ele deixou claro seu ponto de partida. Ele queria obter uma compreensão "histórica" de Jesus, rejeitando todos os elementos ou histórias sobrenaturais a seu respeito. Ele queria escrever sobre um Jesus que não era mais do que uma pessoa histórica influente, se tanto. Strauss quis promover um Jesus que viveu uma "vida solitária". Não importa quão impressionante e influente essa vida possa ter sido, ela não parece merecer nossa adoração.

O Jesus "histórico" não era Deus. Ele não realizou milagres. Qualquer referência a ele que ultrapassasse os limites do natural foi apagada de sua vida. Como Strauss decidiu não incluir nada além do natural, sua única conclusão poderia ser um Jesus "natural", um Jesus tão "natural" quanto nós.

A busca pelo Jesus histórico tem um ponto de partida claro: somente o que é natural é real. Qualquer coisa que sugira algo sobrenatural é um mito. É um ponto de partida de uma jornada na qual o leitor tem autoridade sobre o texto sagrado, e não o texto sagrado sobre o leitor. Não admira, portanto, que a visão de Strauss sobre Jesus seja tão inadequada e deixe tantas perguntas sem resposta.

Como vimos no capítulo 1, nossas perguntas "por que" só podem ser respondidas se começarmos com o que a Bíblia diz. "Começar com a Bíblia" significa que aceitamos a Bíblia pelo que ela diz ser — a Palavra de Deus. Não podemos escolher e separar nossas partes preferidas da Bíblia e reexaminar seu conteúdo como Strauss fez. Se pensarmos que podemos escolher e separar, então pressupomos que nós somos a autoridade sobre vários ensinamentos ou conteúdos bíblicos, e não a própria Bíblia. Se começarmos com nossa suposta autoridade, em vez de começar com a autoridade da Bíblia, acabaremos com ensinamentos e ideias que não têm mais autoridade do

---

* David F. Strauss, *The Life of Jesus*, 1835.

que nossos preconceitos básicos. Como Strauss, acabaremos com um Jesus que *nós* construímos, não com o Jesus que as Escrituras nos revelam.

Por que crer em Jesus? A Bíblia nos dá a resposta. O Jesus em quem devemos crer é o Cristo da Bíblia. O Jesus que criamos com nossas ideias não é o Jesus real. A Bíblia concorda que Jesus teve uma "vida solitária" com influência extraordinária. Entretanto, somente a influência não pode ser a razão para o compromisso total de nossa vida com Jesus. Precisamos saber quem é esse Jesus e então veremos com maior clareza por que sua influência tem sido tão grande por mais de dois mil anos.

O Jesus do Novo Testamento

O grande teólogo de Princeton B. B. Warfield resume a vida de Jesus da seguinte maneira: "Na verdade, a carreira de Jesus não foi a de um homem comum e o dilema é inevitável — ou ele foi mais do que um homem normal, ou foi menos. Nós, assim como seus contemporâneos — e seus contemporâneos assim como nós — temos apenas duas alternativas: ou sobrenatural ou subnormal; ou divino, ou 'fora de si.'"*

Quando nos aproximamos da Bíblia pelo que ela diz, e não pelo que queremos que ela diga, a conclusão de Warfield é inevitável. Jesus não é meramente um bom professor. Suas afirmações são extraordinárias demais para isso. Vejamos alguns exemplos do que as Escrituras dizem.

---

* Benjamin B. Warfield, *The Works of Benjamin B. Warfield: Christology and Criticism* [A obra de Benjamin B. Warfield: Cristologia e crítica], vol. 3 (Bellingham: Logos, 2008), 71-72.

Primeiro, Jesus é tanto Deus quanto homem. O apóstolo João começa seu evangelho com essa verdade magnífica e misteriosa (João 1:1-3,14):

> No princípio era aquele que é a Palavra. Ele estava com Deus e era Deus. Ele estava com Deus no princípio. Todas as coisas foram feitas por intermédio dele; sem ele, nada do que existe teria sido feito[...] Aquele que é a Palavra tornou-se carne e viveu entre nós. Vimos a sua glória, glória como do Unigênito vindo do Pai, cheio de graça e de verdade.

Qualquer pessoa que lesse ou ouvisse essas palavras no primeiro século veria sua semelhança com o começo da Bíblia. Quando o apóstolo João diz "No princípio", ele está ecoando as palavras de Gênesis 1:1. Ele não só repete essas palavras, mas também nos diz como essa "Palavra" estava relacionada à criação "no princípio". A "Palavra" é aquele por intermédio de quem todas as coisas foram feitas. Na verdade, de acordo com João, não há nada que não tenha sido feito por ele. Em outras palavras, no princípio a própria "Palavra" foi o Criador.

Além do envolvimento da Palavra na criação de todas as coisas "no princípio", essa passagem das Escrituras nos comunica duas verdades essenciais e misteriosas sobre quem exatamente é essa Palavra.

Primeiramente, a Palavra é aquele que já era no princípio. Isso significa claramente que a Palavra não fazia parte das coisas feitas no princípio. Quando "o princípio" começou, ele já era. João deixa isso muito claro quando nos diz que "a Palavra era Deus". Se ele era e é Deus, então não é possível que ele tenha sido criado.

Não somente essa Palavra é *Deus*, mas ao mesmo tempo ela está "com Deus". Portanto há aquele que tanto é Deus quanto está com Deus. Ele é Deus, mas é Deus com uma certa distinção. O restante do Novo Testamento expande essa distinção. Essa "Palavra" que é Deus e que está com Deus não é outro senão o próprio Filho de

Deus, a segunda pessoa da Trindade (falaremos sobre a Trindade no capítulo 6).

Em uma frase, as Escrituras nos dão alimento espiritual suficiente para mastigar e tentar digerir pelo resto de nossa vida. Em João 1:1, somos apresentados ao Criador, por intermédio de quem todas as coisas foram feitas, que é o próprio Deus e que como Deus, de alguma maneira misteriosa, também está com Deus. É difícil imaginar uma fase mais rica e mais profunda em toda Bíblia.

A segunda verdade essencial e misteriosa que João nos relata é que essa Palavra "tornou-se carne e viveu entre nós". A esta altura não há dúvida de quem é essa Palavra. João está nos falando a respeito de Jesus Cristo. Ele nos diz que Jesus é aquele que era no princípio, que criou todas as coisas, que — totalmente Deus — está com Deus *e* que assumiu forma humana a fim de viver entre nós. Tudo o que João nos diz nesses poucos versículos sobre Jesus está banhado pelo sobrenatural. Não há como entendê-los a menos que Jesus Cristo seja a Palavra, que tanto é Deus como está com Deus.

Os outros três evangelhos (Mateus, Marcos e Lucas) nos contam mais sobre o nascimento de Jesus e as razões de sua vinda. Eles nos contam que, desde o início, a vida de Jesus foi sobrenatural. Mateus, por exemplo, explica o nascimento de Jesus da seguinte maneira (Mateus 1:18-23):

> Foi assim o nascimento de Jesus Cristo: Maria, sua mãe, estava prometida em casamento a José, mas, antes que se unissem, achou-se grávida pelo Espírito Santo. Por ser José, seu marido, um homem justo, e não querendo expô-la à desonra pública, pretendia anular o casamento secretamente. Mas, depois de ter pensado nisso, apareceu-lhe um anjo do Senhor em sonho e disse: "José, filho de Davi, não tema receber Maria como sua esposa, pois o que nela foi gerado procede do Espírito Santo. Ela dará à luz um filho, e você

deverá dar-lhe o nome de Jesus, porque ele salvará o seu povo dos seus pecados."

Tudo isso aconteceu para que se cumprisse o que o Senhor dissera pelo profeta: "'A virgem ficará grávida e dará à luz um filho, e o chamarão Emanuel', que significa "Deus as conosco'" (Mateus 1:23).

Observe que a própria concepção de Jesus no ventre de sua mãe foi um acontecimento sobrenatural. Ela foi obra do Espírito Santo. Jesus não foi concebido de modo "natural". Pelo contrário, de forma sobrenatural o Espírito Santo fez com que Maria engravidasse.

Essa concepção espiritual de Jesus no ventre de Maria não foi simplesmente um entre os muitos milagres relatados nas Escrituras. Ela foi vital e necessária por causa da missão que o Filho de Deus, na carne, veio cumprir. Como o anjo disse a José, essa criança no ventre seria chamada Jesus. Esse nome, originalmente derivado do nome hebreu "Joshua", significa "Yahweh (ou seja, Deus) é salvação". Naturalmente houve outros com esse nome. Existem pessoas hoje com o nome "Jesus".

O nome destaca Jesus como o cumprimento das expectativas do Antigo Testamento. O importante é por que José devia chamá-lo "Jesus". Ele seria chamado Jesus "porque ele salvará o seu povo dos seus pecados".

Esse anúncio do anjo define o centro de toda a história. É por essa razão que há milênios os séculos são indicados como "a.C." (antes de Cristo) ou "d.C." (depois de Cristo) ou "AD" (*Anno Domini*, no ano do nosso Senhor, em latim). Desde o momento em que o pecado entrou no mundo (veja Gênesis 3), o problema do pecado é *o* problema de toda a humanidade. Tudo no mundo que é ruim, ou mau; desumano ou perverso — tudo isso é produto do pecado. A influência do pecado no mundo é incalculável. Ele causa estrago no mundo e em cada indivíduo no mundo. A maior necessidade da humanidade é a destruição do pecado.

Mas ninguém, até Cristo vir, foi capaz de destruir o pecado e seus efeitos. Como cada pessoa era um pecador desde o nascimento, não havia como destruí-lo. Ao contrário, a intenção do pecado é nos destruir.

Quando o anjo anunciou que este Jesus salvaria seu povo de seus pecados, ele anunciava que a maior necessidade das pessoas seria atendida naquele que foi concebido no ventre de Maria. Este, e somente este, poderia destruir o pecado e seus efeitos porque, ao contrário de qualquer outra pessoa, ele não fora concebido no pecado (veja Salmos 51:5). Ele foi concebido em santidade, pois foi gerado pelo Espírito *Santo*.

Cremos em Jesus porque ele é tanto a Palavra de Deus quanto o próprio Deus. Cremos nele porque seu nascimento marca o centro de toda a história. Cremos nele porque ele assumiu a natureza humana de modo que pudesse salvar seu povo de seus pecados.

Mas há mais. Jesus não se escondeu, tentando evitar a poluição do mundo à sua volta. Ele não ficou em casa com Maria e José até seu momento de morrer. Não, ele se colocou bem no meio das pessoas, inclusive das pessoas religiosas que, em razão de seu conhecimento do Antigo Testamento, deveriam tê-lo reconhecido por quem era.

Em uma de suas primeiras manifestações em sinagogas, Jesus se levantou e leu o texto de Isaías 61 (Lucas 4:18-19): "O Espírito do Senhor está sobre mim, porque ele me ungiu para pregar boas novas aos pobres. Ele me enviou para proclamar liberdade aos presos e recuperação da vista aos cegos, para libertar os oprimidos e proclamar o ano da graça do Senhor." Em seguida, Jesus disse aos que estavam na sinagoga que ele era o cumprimento dessa profecia de Isaías. Ele lhes falou sobre o modo como eles, os judeus, haviam tratado os profetas do Senhor. Isso enfureceu aqueles que o ouviram e eles o expulsaram da sinagoga e da cidade.

Em outra ocasião (veja Marcos 2:1-12) Jesus estava em casa. Sua reputação havia crescido tanto que sua casa estava abarrotada de gente que queria ver e ouvi-lo. Alguns homens que traziam um amigo paralítico não conseguiram entrar, portanto baixaram seu amigo pelo telhado. Jesus viu a dedicação dos amigos desse paralítico e disse ao homem doente que seus pecados estavam perdoados.

Duas coisas maravilhosas e quase inacreditáveis acontecem depois de Jesus fazer isso. Alguns dos líderes religiosos presentes começam a acusá-lo silenciosamente em seu coração. Estão furiosos com Jesus por dizer que os pecados daquele homem estão perdoados. Afinal das contas, o pecado é contra Deus. Eles reconheceram corretamente que apenas Deus pode perdoar pecados.

Marcos conta que Jesus sabia o que esses líderes estavam pensando. Só isso já revela sua divindade. Somente Deus conhece o coração das pessoas (Salmos 44:21; Atos 15:8). Assim, para mostrar-lhes que tem a autoridade para perdoar pecados, Jesus faz algo que somente Deus pode fazer: "'Mas, para que vocês saibam que o Filho do Homem tem na terra autoridade para perdoar pecados' — disse ao paralítico — 'eu lhe digo: Levante-se, pegue a sua maca e vá para casa'. Ele se levantou, pegou a maca e saiu à vista de todos, que, atônitos, glorificaram a Deus, dizendo: 'Nunca vimos nada igual!'" (vv 10-12). Aquele por meio de quem todas as coisas foram criadas, que agora caminha sobre a terra em forma humana, é capaz — pela mesma palavra que criou — de dizer uma palavra e "recriar" a capacidade de andar naquele homem. Muitos dos que estavam ali entenderam o que haviam visto, de modo que "glorificaram a Deus" por isso.

Jesus teve um ministério público. Ele queria que as pessoas soubessem quem ele era e por que havia vindo. Em outra ocasião (João 8:48-59), mais uma vez Jesus foi confrontado pelos líderes religiosos. Eles estavam convencidos de que ele estava endemoninhado e não podia, absolutamente, ser "um deles". Eles o confrontaram com perguntas sobre a sua identidade e a deles. Jesus lhes disse francamente que se fizessem o que ele dizia, jamais morreriam (veja v. 51).

Os líderes religiosos interpretaram essa resposta à luz da própria tradição religiosa. Claramente, Jesus estava dizendo que era maior do que seu pai, Abraão, e maior do que os profetas.

O que se segue nessa breve discussão contém algumas das declarações mais extraordinárias de Jesus. Os judeus tentavam mostrar que de modo algum Jesus poderia ser maior do que Abraão. Primeiro, Jesus lhes diz abertamente que Deus não é o pai deles, já que não o conhecem (João 8:54-55). Quando eles questionam como um homem jovem como Jesus poderia conhecer Abraão, Jesus responde: "Eu lhes afirmo que antes de Abraão nascer, Eu Sou!" (João 8:58). Essa afirmação enfurece esses líderes e eles apanham pedras para atirar nele.

A razão pela qual estão tão enfurecidos é porque sabem — já que são especialistas no Antigo Testamento — que Jesus acaba de declarar ser o "Eu Sou" que se encontrou com Moisés no monte, em Êxodo 3. Em outras palavras, Jesus disse abertamente que é o mesmo Deus acerca de quem esses líderes leram em suas Bíblias!

Ocasiões como essa se repetem várias vezes nos quatro evangelhos. Nós ainda nem vimos o que o restante do Novo Testamento diz sobre a identidade de Jesus. Entretanto, uma coisa está clara até aqui: não há como definir o Jesus da Bíblia "naturalmente". Não há como ele ser simplesmente um bom professor.

Imagine que você entra em uma igreja e ouve alguém ler o trecho de Isaías que Jesus leu e então dizer à congregação: "Eu sou o cumprimento desta profecia!" Ou imagine alguém falando a uma grande multidão, dirigir-se a uma pessoa em necessidade e dizer-lhe: "Os seus pecados estão perdoados." Ou imagine alguém dizendo a você e a um grupo de pessoas que estão com você: "Eu sou o Deus revelado em todo o Antigo Testamento."

Não importa o que mais essa pessoa diga — não importa quanto "bem" ela faça — você não poderia dizer que esse homem é uma pessoa de boa moral. No mínimo, você ficaria muito preocupado com o estado mental dela!

A menos, é claro, que tudo isso fosse verdade. Se tudo é verdade, então Jesus não era simplesmente "uma vida solitária" que influenciou muita gente. Ele é o Senhor da terra e dos céus, que veio ao mundo para remover a praga do pecado que perpetuamos em nosso coração e no mundo. Nós cremos em Jesus, em outras palavras, porque sem ele não há esperança para a humanidade.

O Jesus do Antigo Testamento

Há outra razão mais plena e rica pela qual é essencial crer em Jesus. Essa razão complementa as outras que acabamos de examinar. É uma razão que passou despercebida com excessiva frequência, mas é um motivo que abrange a história toda, não apenas a história desde a concepção, a nascimento e a vida de Jesus. É um motivo que começa no início de tudo.

De certo modo, o Filho de Deus, a segunda pessoa da Trindade, revela Deus a nós desde o momento em que o pecado entrou no mundo! O grande teólogo holandês Herman Bavinck explica isso da seguinte maneira:

> Em certo sentido, *o processo de encarnação de Deus já começa imediatamente depois da queda*, na medida em que em sua revelação especial Deus se estendeu profundamente dentro da vida da criação, juntamente com o trabalho de sua própria providência, e assim comandou e conduziu pessoas, situações e acontecimentos, até mesmo toda história de um povo, a fim de que se aproximasse gradualmente da raça humana e pudesse ser conhecido mais claramente por ela. *Mas esse processo atinge seu ápice somente na pessoa de Cristo* que, portanto, constitui o conteúdo central de toda revelação especial. Ele é o Logos que fez e sustenta todas as coisas (João 1:3; Colossenses 1:15; Hebreus 1:3) e pode ser considerado o

Anjo de YHWH [...] e o conteúdo da profecia [...]; e na plenitude do tempo tornou-se carne e habitou entre nós. Assim Cristo é o mediador, tanto da criação quanto da recriação [...] Na criação e na providência [...], e na condução de Israel[...], ele preparou sua própria vinda na carne. A revelação especial nos dias do Antigo Testamento é a história da vinda de Cristo.*

Como diz Bavinck, Deus começou a tornar-se homem quando o pecado entrou no mundo, por ocasião da queda de Adão e Eva. Isso não significa, é claro, que o Filho de Deus assumiu uma natureza humana permanente, como faz na encarnação. O que isso significa é que o Filho de Deus é o "Revelador" de Deus, mesmo no princípio.

Esta verdade não recebeu a atenção que deveria. Ela nos ajuda a reconhecer que a mesma pessoa que veio permanentemente como o Deus-homem foi aquela que veio temporariamente no Antigo Testamento. Jesus disse aos judeus, como vimos em João 8, que ele era aquele que esteve no monte com Moisés, em Êxodo 3. Aquele que disse a Moisés "Eu sou quem Eu sou" no Antigo Testamento é a mesma pessoa que veio para morrer pelos pecados de seu povo no Novo Testamento.

Em seus comentários sobre 1Coríntios 10:4 ("[...]e beberam da mesma bebida espiritual; pois bebiam da rocha espiritual que os acompanhava, e essa rocha era Cristo"), o teólogo Charles Hodge, de Princeton, diz o seguinte sobre Jesus:

> Esta passagem afirma claramente não somente a preexistência do nosso Senhor, mas também que *ele era o Jeová do Antigo Testamento*. Aquele que apareceu a Moisés e apresentou-se a si mesmo como Jeová,

---

* Herman Bavinck, *Reformed Dogmatics: Prolegomena*. Edição de John Bolt; tradução para o inglês de John Vriend, vol. 1 (Grand Rapids: Baker Academic, 2003), 344 [edição em português: *Dogmática reformada – prolegômena* (São Paulo: Cultura Cristã, 2012).

o Deus de Abraão, que o incumbiu de ir até o Faraó, que libertou o povo do Egito, que apareceu no monte Horebe, que conduziu o povo através do deserto, que habitou no templo, que se manifestou a Isaías, que iria aparecer pessoalmente na plenitude dos tempos, é a pessoa que nasceu de uma virgem e se manifestou na carne. No Antigo Testamento, portanto, ele é chamado de anjo, o anjo do Senhor, Jeová, o Senhor Supremo, o Poderoso Deus, o Filho de Deus — aquele que Deus enviou — um com ele, portanto, na essência, mas uma pessoa distinta.*

Uma vez que reconhecemos esta verdade maravilhosa, também começamos a ler toda a história da redenção de outra maneira. Quando Deus aparece em forma humana no Antigo Testamento, é o Filho de Deus que aparece temporariamente em forma humana a fim de mostrar às pessoas do Antigo Testamento o que um dia acontecerá permanentemente na história.

Por exemplo, numa análise de Gênesis 32, quando Jacó luta com o anjo, João Calvino diz: "E a confissão do santo Patriarca, quando diz: 'Vi a Deus face a face' [Gênesis 32:29-30], suficientemente declara que não se tratava de um anjo criado, mas aquele em quem residia a plena deidade. Daqui também essa afirmação de Paulo [1Coríntios 10:4], de que Cristo fora o guia do povo no deserto, visto que, embora ainda não fosse vindo o tempo de sua humilhação, contudo aquela Palavra eterna propôs uma prefiguração de seu ofício, a que fora destinado"(grifo nosso).** O "anjo" com quem Jacó lutara era o "Anjo do Senhor", que é o Filho de Deus. É por isso que Jacó pôde dizer que havia visto Deus face a face.

---

* Charles Hodge, *An Exposition of the First Epistle to the Corinthians* [Uma exposição da Primeira Carta aos Coríntios] (Nova York: Carter, 1875), 175.
** João Calvino, *Institutes of the Christian Religion*, [As institutas da religião cristã], 133.

O Novo Testamento tem vários indícios que apontam para o Filho no Antigo Testamento. Os escritores do Novo Testamento muitas vezes usam passagens referentes a Yahweh (ou Jeová) no Antigo Testamento e, sem qualquer qualificação ou explanação, as associam a Cristo (veja, por exemplo, Romanos 9:33; 14:11; 1Pedro 3:15). Judas nos diz expressamente que foi Jesus quem tirou o povo de Israel do Egito (v. 5). Em João 12:41, o apóstolo João conta que a visão de majestade e santidade que Isaías viu no templo (Isaías 6:1-13) foi a visão da glória do Filho de Deus.

Depois de ressuscitar dos mortos, Jesus estava caminhando para a cidade de Emaús. Alguns de seus discípulos também se dirigiam para lá, conversando sobre o que havia acontecido a seu Mestre. Quando Jesus os encontrou na estrada, foram impedidos de reconhecê-lo. Ele lhes perguntou sobre o que conversavam, e contaram-lhe o que se dizia sobre Jesus, mas eles não entendiam por que aquelas coisas haviam ocorrido. Assim, Jesus disse a eles: "'Como vocês custam a entender e como demoram a crer em tudo o que os profetas falaram! Não devia o Cristo sofrer estas coisas, para entrar na sua glória?' E começando por Moisés e todos os profetas, explicou-lhes o que constava a respeito dele em todas as Escrituras" (Lucas 24:25-27). Esses discípulos receberam a melhor aula sobre interpretação da Bíblia jamais dada! Mas observe o que Lucas diz. Ele conta que Cristo começou "com Moisés e todos os profetas" e os ajudou a entender esses textos "em todas as Escrituras" (o Antigo Testamento!) como passagens que o revelam.

Muitas vezes ensina-se que o único motivo para crer em Jesus é o que lemos no Novo Testamento. Sem dúvida, o Novo Testamento nos fala da revelação culminante e permanente do Filho de Deus em forma humana. Somente ali vemos a concepção, o nascimento, o crescimento, a vida e a morte do Deus-Homem.

Contudo, toda a história da redenção aponta para frente, para aquele acontecimento único. O mesmo Filho que assumiu permanentemente a natureza humana e veio ao mundo foi aquele que havia vindo a todos os santos desde que o pecado entrou no coração das pessoas.

O que isso significa para nós é que cremos em Jesus, em primeiro lugar, pelo que ele se tornou permanentemente, e pelo que fez, quando lemos o relato do Novo Testamento. Porém tudo o que ele é e faz no Novo Testamento só pode ser entendido corretamente à luz do que ele é e faz no Antigo Testamento! Em outras palavras, cremos em Jesus porque toda a Bíblia — toda a história de como Deus redime seu povo — o revela. As Escrituras nos mostram o lugar central que ele ocupa em ao longo da história humana.

Não deveríamos nos surpreender, portanto, pelo fato de também crermos em Jesus porque o final da história humana não pode ser compreendido corretamente sem ele.

Jesus e o fim da história

Quando Cristo concluiu sua obra terrena como o Deus-Homem, disse aos seus discípulos que toda autoridade lhe havia sido dada (Mateus 28:18). Agora ele iria para seu Pai, a fim de reinar sobre toda a terra (veja, por exemplo, Hebreus 1:1-4). Seu Reino inclui o fato de que ele está construindo sua igreja (Mateus 28:19-20). Mas chegará um dia em que ele voltará, e voltará para julgar toda a terra.

Quando o apóstolo João estava exilado na ilha de Patmos, experimentou algo que jamais havia imaginado. Ele ouve uma voz dizendo-lhe que escreva o que está prestes a ver. Então, diz João,

> Voltei-me para ver quem falava comigo. Voltando-me, vi sete candelabros de ouro e entre os candelabros alguém "semelhante a um filho de homem", com uma veste que chegava aos seus pés e um cinturão de ouro ao redor do peito. Sua cabeça e seus cabelos eram

brancos como a lã, tão brancos quanto a neve, e seus olhos eram como chama de fogo. Seus pés eram como o bronze numa fornalha ardente e sua voz como o som de muitas águas. Tinha em sua mão direita sete estrelas, e da sua boca saía uma espada afiada de dois gumes. Sua face era como o sol quando brilha em todo o seu fulgor. Quando o vi, caí aos seus pés como morto. Então ele colocou sua mão direita sobre mim e disse: "Não tenha medo. Eu sou o Primeiro e o Último. Sou Aquele que Vive. Estive morto mas agora estou vivo para todo o sempre! E tenho as chaves da morte e do Hades" (Apocalipse 1:12-18).

O restante do livro do Apocalipse registra o reino de Jesus na história. É um registro do senhorio de Cristo. Esse domínio dirige-se para uma meta específica. Ele se dirige para o dia em que Cristo, o Senhor, julgará cada pessoa que já viveu. Quando ele vier novamente, a história será concluída:

> Disse-me ainda: "Está feito. Eu sou o Alfa e o Ômega, o Princípio e o Fim. A quem tiver sede, darei de beber gratuitamente da fonte da água da vida. O vencedor herdará tudo isto, e eu serei seu Deus e ele será meu filho. Mas os covardes, os incrédulos, os depravados, os assassinos, os que cometem imoralidade sexual, os que praticam feitiçaria, os idólatras e todos os mentirosos — o lugar deles será no lago de fogo que arde com enxofre. Esta é a segunda morte" (Apocalipse 21:6-8).

Nós cremos em Jesus porque ele é o Senhor, e devemos nossa vida a ele. Quando ele voltar, aquele que conhece o coração de cada indivíduo julgará cada um de nós e receberá aqueles que creem nele porque sua morte cobriu os pecados deles. Aqueles que se recusam a crer nele serão punidos eternamente por causa de sua rebeldia.

Jesus não está somente no início da história; ele também é o final da história. Como ele diz, ele é o "Alfa e o Ômega". Sem ele, não há esperança verdadeira para nossa vida nesta terra. Ele é o Senhor e nos oferece o privilégio de passar uma eternidade com ele. Ele pagou a pena que merecemos e livrou todos os que creem. Certamente não pode haver um motivo mais importante do que este para crer em Jesus Cristo:

> "Eis que venho em breve! A minha recompensa está comigo, e eu retribuirei a cada um de acordo com o que fez. Eu sou o Alfa e o Ômega, o Primeiro e o Último, o Princípio e o Fim." [...] O Espírito e a noiva dizem: "Vem!" E todo aquele que ouvir diga: "Vem!" Quem tiver sede, venha; e quem quiser, beba de graça da água da vida (Apocalipse 22:12-13,17).

Perguntas para reflexão

1. Qual é uma das melhores maneiras de mostrar a alguém que Jesus é Deus?

2. Além das passagens mencionadas, cite outras passagens no Antigo Testamento em que Jesus aparece.

3. Por que é impossível ter esperança real a menos que creiamos em Jesus?

Leituras recomendadas

Gilbert, Greg. *Quem é Jesus Cristo?* (São José dos Campos: Fiel, 2015).

Sanders, J. Oswald. *O incomparável Cristo* (São Paulo: ABU Editora, 2006).

Sproul, R. C. *Quem é Jesus? Questões cruciais* (São José dos Campos: Fiel, 2012).

Capítulo 4
Por que crer em milagres?

Razões

De Hume a Hitchens

Como acreditar que a cabeça de um machado pode flutuar sobre a água? Como alguém pode andar sobre a água? Será que alguém pode realmente ressuscitar dos mortos? Os cristãos muitas vezes se deparam com perguntas como essas. Entranhada em nossa crença no cristianismo está a crença na realidade dos milagres. Por que acreditamos que milagres podem acontecer?

Algo que ajuda é examinar primeiramente por que a possibilidade de milagres tem sido negada. A maioria das objeções aos milagres será parecida com as razões que relacionaremos. Além disso, nossas respostas deveriam se adequar a quase todos os tipos de objeções.

A negação mais famosa e influente da possibilidade de milagres foi apresentada pelo filósofo escocês David Hume (1711–1776). Hume era um homem à frente de seu tempo. No final do século 18, para a maioria das pessoas, ainda era natural crer em algum tipo de divindade. Com o tempo, porém, e em parte por causa de Hume, a crença em algum tipo de deus começou a diminuir. Pouco depois de

Hume morrer o questionamento de tudo o que pudesse ser sobrenatural se tornou popular.

O motivo pelo qual precisamos gastar algum tempo esclarecendo a posição de Hume sobre milagres é que seu argumento contra milagres tem sido discutido, rediscutido e aceito por muita gente desde que Hume o formulou. Seu argumento foi tão influente que, quase duzentos anos depois, C. S. Lewis escreveu um livro para refutar Hume e muitos de seus seguidores.* Ao entender o argumento de Hume contra os milagres, entenderemos também por que muitos outros querem negá-los e poderemos reconhecer melhor por que deveríamos crer em milagres.

Hume usou ideias e argumentos filosóficos sofisticados para tentar refutar a noção de milagre. Felizmente para nós não é preciso mergulhar profundamente na filosofia de Hume para definir e analisar seus argumentos contra milagres. Também felizmente para nós, uma breve olhada em seus argumentos nos ajudará a entender por que devemos crer em milagres.

Antes de irmos até Hume, precisamos definir alguns termos raramente usados. O primeiro é "empirismo"; o segundo é "probabilidade". Vejamos inicialmente o primeiro.

A filosofia que David Hume promoveu é chamada "empirismo". O empirismo simplesmente diz que só podemos conhecer aquilo que experimentamos. Em geral as experiências incluem coisas que podemos ver, ouvir ou tocar. Para Hume, somente essas coisas merecem nossa crença e são capazes de ser conhecidas. Como Hume insistiu tanto que apenas o que experimentamos pode ser conhecido por nós, seu ponto de vista às vezes é chamado de "naturalismo". O naturalismo afirma que somente as coisas "naturais" podem ser conhecidas. Podemos conhecer somente o que experimentamos, e

---

* C. S. Lewis, *Miracles, a Preliminary Study* [Milagres, um estudo preliminar] (New York: Simon e Schuster, 1947).

o que experimentamos é o mundo "natural". Podemos ter conhecimento unicamente do mundo natural; qualquer outro tipo de conhecimento que não vem do mundo natural é mera ilusão, de acordo com Hume.

Ao pensar sobre a possibilidade de milagres, então, Hume estabelece o princípio empiricista básico que o guiará: "Um homem sábio, portanto, ajusta sua crença à evidência."* Essa declaração define o empirismo. Se não houver evidências empíricas de um milagre, ou se o "ajuste" à evidência for mínimo, então a possibilidade de milagre deve ser rejeitada.

A segunda palavra é "probabilidade". A maioria de nós tem alguma ideia do que ela significa. De modo geral, ela tem a ver com a chance de algo acontecer. É como Hume e outros usam o termo. Mas a chance de alguma coisa sempre depende de outra. A probabilidade de eu ir de carro ao trabalho depende do dia da semana, se estou saudável ou não, se tenho um carro etc. Portanto, uma probabilidade ou chance de algo acontecer depende de outras questões que ajudam a determinar se isso poderia ocorrer. Com esses dois termos agora diante de nós, podemos analisar a probabilidade de milagres.

Em sua obra chamada *An Enquiry Concerning Human Understanding* [Investigação sobre o entendimento humano], Hume termina com uma sugestão espantosa, uma sugestão que vai até o cerne de sua visão empírica, "naturalista". Ele diz:

> Quando percorremos as bibliotecas, persuadidos destes princípios, que destruição deveríamos fazer? Se examinarmos, por exemplo, um volume de teologia ou de metafísica escolástica e indagarmos: Contém algum raciocínio abstrato acerca da quantidade ou do número? Não. Contém algum raciocínio experimental a respeito

---

* Ibid.

das questões de fato e de existência? Não. Portanto, lançai-o ao fogo, pois não contém senão sofismas e ilusões.*

Como esta é a conclusão da *Investigação* de Hume, ela é precedida de uma grande argumentação filosófica. Não é preciso detalhá-la aqui, contudo, para entender o que Hume está dizendo. Ele quer que nos imaginemos em uma biblioteca. Nessa biblioteca há, por exemplo, livros que tratam do cristianismo. Pegue um dos livros sobre o cristianismo em suas mãos e abra-o, diz Hume. Agora, faça a si mesmo algumas perguntas. Esse livro sobre o cristianismo trata da ciência da matemática? Naturalmente, a resposta será não. Então pergunte-se se o livro trata de coisas naturais, coisas que você pode experimentar ("raciocínio experiencial") neste mundo. A resposta, mais uma vez, será não.

Bem, diz Hume, se o livro não aborda as certezas da matemática (por exemplo, 2 + 2 = 4) nem as coisas que você vê, cheira, toca ou ouve (por exemplo, árvores, flores, pedras e pássaros), então o livro é inútil. É melhor queimá-lo do que deixá-lo em uma biblioteca para desencaminhar as pessoas. Livros sobre o cristianismo, segundo Hume, são "sofismas e ilusões". Em outras palavras, eles tratam somente de ideias falsas e fantasias. Esse é o resultado lógico do empirismo.

Se essa é a visão de Hume, não deveríamos nos supreender pelo fato de ele também afirmar que milagres não podem acontecer. Qualquer ponto de vista voltado apenas para as coisas "naturais" deste mundo não desejará afirmar qualquer coisa que seja sobrenatural.

Como dissemos, a visão de Hume sobre milagres foi muito influente, mas também é um argumento bastante limitado. Ele pressupõe que o empirismo seja verdade e que a probabilidade é o melhor

---

* David Hume, *An Enquiry Concerning Human Understanding*, The Harvard Classics, vol. 37 (New York: Collier, 1909–1914), parte 3, 11 [edição em português: *Uma Investigação sobre o Entendimento Humano e sobre os Princípios da Moral* (Ed. Unesp, São Paulo, 2003)].

que podemos esperar de nossas crenças. Assim, diz Hume, "Congratulo-me por ter descoberto um argumento de natureza análoga que, se é legítimo, servirá de obstáculo eterno, junto aos sábios e doutos, a toda espécie de ilusão supersticiosa e, por conseguinte, será de utilidade enquanto existir o mundo".* Em outras palavras, se livros sobre o cristianismo devem ser destinados às chamas porque tratam somente de ilusão, então certamente qualquer crença em milagres é igualmente um delírio.

O empirismo simplesmente deseja "seguir as evidências" e ponderar essas evidências em relação a outras afirmações. É como Hume argumenta contra a probabilidade de um milagre ocorrer. Agora podemos apresentar a definição de Hume para milagre e em seguida mostrar como ele propõe negar qualquer possibilidade disso:

> Um milagre é uma violação das leis da natureza; e como uma experiência constante e inalterável estabeleceu estas leis, a prova contra o milagre, devido à própria natureza do fato, é tão completa como qualquer argumento da natureza que se possa imaginar.**

Para Hume, portanto, um milagre é uma "violação das leis da natureza". Um dos motivos pelos quais o argumento de Hume conquistou tantos seguidores é que à primeira vista a definição parece atingir exatamente o âmago da questão. O mundo funciona de uma maneira bastante coerente. Tão coerente que lhe confiamos a nossa vida. Nós embarcamos em um avião porque reconhecemos (ainda que não entendamos completamente) que as leis da física são coerentes. Enquanto o avião acelera até determinada velocidade, o

---

* Retirado da *Enquiry*, "Against Miracles", in *Philosophy of Religion: An Anthology*, edição de Louis P. Pojman (Belmont: Wadsworth, 1987), 261.
** Ibid., 263.

"arrasto" do avião é vencido por sua propulsão. Em outras palavras, quando embarcamos em um avião, confiamos que se todos os seus sistemas mecânicos estiverem funcionando, ele voará.

Porém nós também reconhecemos fatos mais "terrenos". Sabemos que se deixarmos a água a uma temperatura igual ou inferior a 0º C, ela se transformará em gelo. Nossa vida se estrutura em torno da coerência das leis que regem nosso mundo. Nós nem pensamos muito a respeito da maioria dessas leis, nem precisamos conhecê-las em detalhe para que funcionem. Para nós, é suficiente vê-las ou experimentá-las. Quanto mais as vemos e experimentamos, mais confiamos nelas. Esse fato é uma das razões pelas quais o empirismo é tão tentador para muitas pessoas.

Na opinião de Hume, o fato de experimentarmos essas leis e a estabilidade do mundo é evidência suficiente para provar que milagres não podem acontecer. Ele o define assim: "Quando alguém me diz que viu um morto ressuscitar, considero imediatamente comigo mesmo: é mais provável que essa pessoa procure enganar-me ou esteja equivocada, do que o fato que relata possa realmente ter ocorrido."* Ou seja, se alguém disser que viu alguém ressuscitar dos mortos, perguntamo-nos o que é mais crível; alguém ressuscitar dos mortos ou alguém foi enganado para pensar isso. O que é mais provável? Se é mais provável que alguém seja enganado do que alguém ressuscitar dos mortos, então a "sabedoria" requer que creiamos que alguém está enganando, e *não* que alguém ressuscitou. Assim, Hume argumenta que sempre que há um relato de milagre, devemos questionar sua probabilidade.

No entanto, o que é provável sempre depende de outros fatores. No pensamento de Hume, a probabilidade de um milagre sempre é decidida com base na probabilidade daquilo que normalmente ou "naturalmente" acontece. É mais provável que as pessoas às vezes

---

* Ibid.

sejam enganadas ou que alguém ressuscite dos mortos? A pergunta é autoexplicativa. Portanto, diz Hume,

> [...] não se pode encontrar em toda a história nenhum milagre testificado por número suficiente de homens de tão indubitável bom senso, educação e instrução que nos assegurassem contra todo logro de sua parte; de tão indubitável integridade que os pusesse fora de qualquer suspeita de querer enganar os outros; de tal crédito e de tal reputação aos olhos dos homens que perderiam muito se fossem descobertos em alguma falsidade; e, ao mesmo tempo, testificando fatos realizados de um modo tão público e numa parte do mundo tão famosa que seria inevitável a descoberta da falsidade; todas essas circunstâncias são necessárias para fornecer-nos completa segurança no testemunho humano.*

Assim, para Hume, o testemunho do que é "normal" sempre sobrepujará o testemunho de que algo "anormal", como um milagre, ocorreu.

Muita gente pensa que o argumento de Hume contra os milagres é *o* argumento definitivo. Para muitos que não creem em milagres, não há necessidade de outro argumento. Abra praticamente qualquer antologia sobre "a filosofia da religião" e você encontrará ali o ensaio de Hume contra milagres. Seu argumento tem muitos adeptos, mesmo hoje em dia.

Por exemplo, o falecido Christopher Hitchens, um ateu, foi completamente convencido pelo argumento de Hume. De acordo com Hitchens, "pressupondo que um milagre seja uma mudança *favorável* na ordem natural, a última palavra sobre o assunto foi escrita pelo filósofo escocês David Hume[...] Um milagre é uma perturbação ou interrupção no curso esperado e definido das coisas[...] Se

---

* Ibid.

lhe parece que você está testemunhando algo assim, há duas possibilidades. A primeira é que as leis na natureza foram suspensas (em seu favor). A segunda é que você se equivocou ou sofre de um delírio. Portanto, a probabilidade da segunda hipótese precisa ser ponderada contra a probabilidade da primeira."* Se você ponderar a probabilidade de um milagre contra a probabilidade de que a pessoa que relata o milagre está equivocada, a segunda possibilidade vencerá sempre. Está começando a parecer que não há possibilidade de um milagre ocorrer.

Teísmo é a solução?

No entanto, há um problema devastador com o argumento de Hume. Uma das coisas encorajadoras em relação ao argumento e à influência de Hume é que é bastante fácil detectar o problema. Quando percebemos que o argumento de Hume depende de determinada ideia de "natureza", começamos a ver sua fraqueza debilitante. C. S. Lewis explica o problema da noção de "natureza" de Hume: "Devemos, contudo, concordar com Hume que se existir uma 'experiência uniforme' absoluta contra os milagres; se, em outras palavras, eles jamais aconteceram, então não ocorreram mesmo. Infelizmente só sabemos que a experiência contra eles é absolutamente uniforme se tivermos conhecimento de que todos os relatos a seu respeito são falsos. E só poderemos saber disso se já soubermos que os milagres nunca ocorreram. Estamos na verdade argumentando em círculos."** Esta é uma resposta engenhosa, e é perfeitamente verdadeira. A única maneira de Hume argumentar contra a possibilidade

---

* Christopher Hitchens, *God Is Not Great: How Religion Poisons Everything* (New York: Twelve, 2007), 141.
** C.S. Lewis, *Miracles, a Preliminary Study*, 134-35.

de milagres seria estabelecer a definição de "milagre" de modo que a própria definição exclua sua possibilidade. Uma vez que pressupomos que somente o "normal" é crível e definimos milagres como "anormais", não haverá possibilidade de milagres ocorrerem.

Essa é uma boa resposta inicial de Lewis ao argumento de Hume, mas então Lewis comete um equívoco fatal. Ele continua dizendo que se pressupormos um entendimento adequado do mundo em vez do entendimento "naturalista" de Hume, então será altamente provável que milagres ocorram. Para Lewis, um entendimento adequado do mundo inclui o fato de que Deus existe e o criou. Em vez de pressupormos apenas o "natural", como Hume, por que não pressupor que existe um Deus e que ele criou todas as coisas? Se começarmos com isso, diz Lewis, haverá uma "probabilidade intrínseca" da "adequação" dos milagres.* Em um universo teísta, a possibilidade de milagres faz sentido.

Será que esse argumento é suficiente para responder a Hume e sustentar nossa crença em milagres? Será que cremos — e deveríamos pensar nisso, considerando a existência de Deus — que a probabilidade de milagres é muito alta? Antes de propormos uma resposta a essa questão, talvez seja útil observar pelo menos um argumento contra milagres que inclui (diferentemente de Hume) a existência de Deus.

Antes de Hume, outro filósofo chamado Benedito de Espinoza (1632–1677) também abordou a questão dos milagres. Espinoza, um judeu teísta, questionou a possiblidade de milagres. Sua conclusão pode ser surpreendente, especialmente porque ele passa por alguns textos do Antigo Testamento até chegar à sua conclusão. Ao afirmar a existência de Deus, ele também reconhece que o Deus do Antigo Testamento é um Deus eterno e imutável; é um Deus acima do tempo e não pode mudar. Até aí, tudo bem. O cristianismo tam-

---

* Ibid., 140ss.

bém confessa que Deus é eterno e imutável. Mas é exatamente essa imutabilidade que leva Espinoza a concluir que milagres não podem existir. Não podem existir porque a natureza, tal como o Deus que a criou, deve operar de acordo com leis imutáveis. Assim, diz Espinoza, depois de citar vários textos do Antigo Testamento, "todos estes textos ensinam claramente que a natureza guarda uma *ordem fixa e imutável*, e que Deus, em todas as eras, conhecidas e desconhecidas, tem sido o mesmo; além disso, que as leis da natureza são tão perfeitas, que *nada se lhes pode acrescentar ou retirar*; e, finalmente, que os milagres só podem surgir como algo novo por causa da ignorância do homem".* Em outras palavras, assim como vimos em Hume, vemos também em Espinoza que as leis da natureza não permitem qualquer violação dessas leis. Para Hume, as leis da natureza *simplesmente são* e qualquer relato de que foram alteradas deve-se ao fato de o relator estar enganado. Esse é o ponto que Lewis critica com razão.

No caso de Espinoza, porém, as leis da natureza foram dadas por Deus na criação. Contudo, como existem "leis", e como Deus não pode mudar, não é possível violar as leis. Se devessem ser violadas, teriam sido violadas por Deus. Visto que Deus é imutável, ele não pode interferir nestas leis e suspendê-las ou fazer com que funcionem de maneira diferente. Se o fizesse, ele teria de estar sujeito a mudanças, e as "leis" de Deus na verdade não seriam leis.

Parece que milagres estão fora de questão se alguém não crê em Deus, como Hume, ou se, como Espinoza, alguém crê que há um Deus imutável e que ele criou o mundo. Quer uma pessoa creia em Deus ou não, não parece haver sustentação para uma crença em milagres. De-

---

* Benedito de Espinoza, *The Chief Works of Benedict de Spinoza* [As principais obras de Benedito de Espinoza]. Traduzido do latim com introdução de R. H. M. Elwes, vol. 1, "Introduction", *Tractatus-Theologico-Politicus*. Edição revisada (London: Bell, 1891), grifo nosso. Disponível em <http://oll.libertyfund.org/titles/1710#Spinoza_1321.01_363>.

pois de esses filósofos argumentarem que não há possibilidade de milagres, será que ainda temos algum motivo para continuar crendo em milagres?

Teísmo cristão como resposta

Nesses argumentos há duas ideias que precisam ser compreendidas e corrigidas. A primeira é que a natureza é algo que funciona por si. Para Hume, essa ideia é óbvia. Os "naturalistas" tentam sustentar a noção de que a natureza é tudo que existe. Por essa razão, ela deve funcionar "por si", visto que não há nada mais. Esse não é realmente o argumento de Hume, como aponta Lewis. Ele apenas o pressupõe e então usa a ideia para concluir que milagres não são possíveis.

Isso nos leva à segunda questão que precisamos considerar. Para Espinoza, a ideia da natureza é a mesma de Hume; ainda que tenha sido criada, a natureza funciona por si. Espinoza reconhece a existência de Deus, mas também raciocina que como Deus é imutável, ele não pode interferir na atividade de um mundo que ele fez segundo as próprias leis; se o fizesse, isso exigiria uma mudança de ação para Deus e uma mudança nas "leis" da natureza. Assim Espinoza conclui que, em razão de seu caráter, Deus é incapaz de interagir ou interferir no universo que fez.

Se aceitarmos essas duas ideias sem questionar, parece que nem o teísmo nem o ateísmo são suficientes para crer em milagres. Felizmente, não é difícil ver as fraquezas nos argumentos e nas ideias de Hume e Espinoza. Temos poucos motivos para aceitá-los sem questionamento.

Como diz Lewis, Hume está simplesmente argumentando em círculos. Ele começa com uma definição que não elabora e a seguir usa essa definição para concluir que não pode haver milagres. Se você começa insistindo que não pode haver milagres, qualquer outra coisa que você diga obviamente estará de acordo com essa premissa.

No caso de Espinoza, ainda que ele estabeleça Deus como Criador, ele ainda pensa que as "leis" da natureza seguem um rumo próprio e não podem ser violadas. Ele imagina que se Deus as violar, seria preciso que ele e as leis mudassem. E um Deus "mutável" não é o que as Escrituras ensinam.

Examinemos primeiramente a noção de que a "natureza" funciona sozinha. Esse é um pensamento comum a respeito do mundo. Mesmo cristãos podem ser iludidos a pensar que Deus simplesmente pôs o universo em movimento e então deixou que ele seguisse seu caminho.

Mas o cristianismo não sustenta a ideia de um universo que funcione por si. Pense, por exemplo, no modo como o salmista descreve o mundo: "Fazes jorrar as nascentes nos vales e correrem as águas entre os montes; delas bebem todos os animais selvagens, e os jumentos selvagens saciam a sua sede. As aves do céu fazem ninho junto às águas e entre os galhos põem-se a cantar. Dos teus aposentos celestes regas os montes; sacia-se a terra com o fruto das tuas obras!" (Salmos 104:10-13).

A Bíblia nunca hesita em dizer que as obras da natureza são as obras do Deus que criou tudo. A terra está satisfeita, diz o salmista, *não* simplesmente por causa da chuva ou dos pássaros que cantam, mas "com o fruto das suas obras". Espinoza, cujo foco nas Escrituras era somente o Antigo Testamento, deveria ter visto isso. As "leis" da natureza são, na verdade, a atividade confiável de um Deus confiável. Após o dilúvio, sua confiabilidade ou fidelidade se manifesta no ir e vir das estações (Gênesis 8:22). Portanto, quando as pessoas reconhecem a mudança das estações, essa mudança não é devida a alguma "lei" impessoal, e sim à obra confiável e fiel de Deus no mundo.

Hume negava os milagres porque definia a natureza como um sistema previsível, fechado. Espinoza negava os milagres porque definia a natureza como algo regido por leis invariáveis. Nos dois pressupostos a natureza é definida de maneira inadequada. Quando virmos que a natureza é o que é porque Deus age nela e através dela, não será difícil reconhecer que o mesmo Deus que fielmente nos dá as estações também pode, se quiser, conduzir as coisas de outro modo a fim de cumprir seus propósitos soberanos na criação.

Por que Deus desejaria agir de forma diferente no mundo? Quais seriam suas razões para mudar seu modo de agir padrão, "segundo as leis", no mundo?

A resposta a essa pergunta nos ajuda a ver o verdadeiro significado de milagre. Muitas vezes imagina-se que milagres são apenas grandes "truques de magia". Como um mágico que agita uma varinha, às vezes pensamos que Deus é alguém que quer exibir seu poder.

Milagres não são exibições arbitrárias do poder de Deus. Eles nos são dados com o propósito de apontar para a redenção que Deus realiza em Jesus Cristo. Ou seja, milagres não são um conjunto de truques de magia realizados por Deus. Ao contrário, são testemunhos ou atos que apontam para o fato da redenção de Deus.

Um exemplo disso pode nos ajudar a entender. Em Marcos 4:35-41 (e também em Mateus 8:23-27 e Lucas 8:22-25), Jesus fala à tempestade e ao mar revolto e eles se acalmam. Esse é um milagre que apenas aquele que criou o mundo poderia realizar. Mas ele não faz o milagre para impressionar seus discípulos. Isso não é feitiçaria ou mágica. Seu propósito era aumentar a fé dos discípulos de modo que confiassem nele.

Jesus estava falando aos seus discípulos sobre o Reino de Deus. Acalmar a tempestade tinha como objetivo apontar para ele como o Rei daquele Reino. Jesus realizou um ato milagroso de modo que pudessem compreender melhor suas palavras. O ato confirmou as palavras. Esse é o ponto principal dos milagres da Bíblia. São atos que confirmam as palavras de Deus.

Quando os discípulos viram Jesus acalmar a tempestade, deveriam ter reconhecido imediatamente que ele o fez para demonstrar que ele é o Senhor. Deveriam ter pensado no Salmo 107: "Reduziu a tempestade a uma brisa e serenou as ondas. As ondas sossegaram, eles se alegraram, e Deus os guiou ao porto almejado. Que eles deem graças ao Senhor por seu amor leal e por suas maravilhas em favor dos homens" (Salmos 107:29-31). Os discípulos deveriam ter visto o milagre de Jesus de acalmar a tempestade como um testemunho de que o próprio Jesus é o Senhor, o mesmo Senhor de quem fala esse salmo. O ato de sossegar a tempestade tinha o propósito de assinalar a identidade de Jesus. Sua intenção era dizer, alto e claro, "Este é o Senhor do universo que veio para redimi-los! Este é o Rei do Reino!"

Em vez de crerem e serem fortalecidos em sua fé, o que os discípulos disseram: "Eles estavam apavorados e perguntavam uns aos outros: 'Quem é este que até o vento e o mar lhe obedecem?'" (Marcos 4:41). Mas eles deveriam ter sabido quem ele era. Suas Escrituras o identificaram, e o milagre lhes foi dado para aumentar sua fé. Era um sinal apontando para os propósitos de redenção de Deus.

Quando reconhecemos que os milagres têm um propósito de redenção, começamos a "ler" os *atos* de Deus à luz do que ele *diz* no contexto desses milagres. O maná que Deus milagrosamente providenciou para seus filhos na deserto, por exemplo, tinha o propósito de apontar para o Pão verdadeiro que traria vida eterna (veja João 6:47-51). A ressurreição de Lázaro apontou para o fato de que aquele que podia ressuscitar Lázaro dos mortos era, ele mesmo, a verdadeira ressurreição e a vida (João 11:25-27).

Toda vez que você deparar com um milagre na Bíblia, pergunte-se: "Qual verdade redentora Deus está comunicando por meio deste milagre?" Os cristãos acreditam em milagres porque creem que Deus é nosso Redentor. O que ele *disse* que fará, ele também mostra que fará por meio de seus milagres. Quando você ler sobre os milagres na

Bíblia com essa pergunta em mente, eles assumirão um significado inteiramente novo e gloriosamente redentor.

Respostas

Pode ser que algumas objeções à nossa discussão sobre milagres lhes venham à mente. "Tudo bem", talvez alguém diga, "você acusa Hume de raciocinar em círculo porque ele começa com a uniformidade da natureza e assim exclui a possibilidade de milagres logo no início. Será que você também não está raciocinando em círculo quando começa com Deus e assim inclui a possibilidade de milagres logo no começo?"

Aqui está a diferença principal entre a razão pela qual nós cremos em milagres e Hume, não. Quando Hume começou com a "natureza" como uma uniformidade fechada e regida por leis, ele não tinha motivo para pressupor sua uniformidade. Lembre-se, Hume era um empirista; somente o que se experimenta pode ser conhecido. Hume só podia afirmar o que seus sentidos permitiam. Todavia, Hume não havia visto toda a "natureza", assim como ninguém mais. Ele não tinha uma experiência dela como um sistema inteiro. O melhor que tinha eram as próprias experiências da natureza, ou os relatos de outros. Argumentar que não pode haver milagres em absoluto com base na própria experiência limitada do mundo (ou na experiência de outra pessoa) não passa de especulação.

Nós cremos em milagres porque cremos no Deus triúno. Diferentemente de Hume, nossa crença em Deus não se fundamenta em nossas experiências. Ao contrário, nossa crença em Deus se fundamenta no que ele disse e fez. Como destacamos no capítulo 1, a questão do "por que" inevitavelmente se voltará para o que Deus disse nas Escrituras. Ao contrário de Hume, começamos com Deus, não porque o "sentimos", mas porque ele falou, e quando confiamos em Cristo, confiamos no que ele disse. Nós não cremos que só podemos conhecer aquilo que experimentamos. Cremos que podemos conhecer por causa de quem Deus é e pelo que ele fez.

"Bem", poderá responder o objetor, "mas e quanto a Espinoza? Ele acreditava em um Deus imutável, exatamente como você, e por causa disso ele não podia crer em milagres. Como um Deus imutável pode agir em seu mundo sem mudanças?"

Essa pergunta na verdade é uma das mais profundas que se podem fazer aos cristãos. Mas nós já vimos que, como Deus é três pessoas em um Deus, ele é capaz de vir a este mundo na pessoa de seu Filho assumindo a natureza humana e ainda assim continuar sendo total e completamente Deus. Assim, ainda que não consigamos entender como Deus é capaz de fazer este "Grande Milagre" (como C. S. Lewis diz), o fato de ele fazê-lo está fora de dúvida e é o centro de tudo o que cremos como cristãos. Espinoza não leu as Escrituras da maneira correta. Se o tivesse feito, teria visto que a narrativa da Bíblia é a narrativa de Deus agindo na história a fim de salvar pessoas pecaminosas. Portanto, poderíamos pensar nisso da seguinte maneira: o objetivo de todos os milagres na Bíblia é apontar para, explicar e testificar esse maravilhoso e glorioso "Grande Milagre" de Deus vindo aos homens ao tornar-se homem. Todos os outros milagres servem a esse único ato redentor de Deus.

Conclusão

Acreditamos em milagres porque cremos em Cristo. Quando temos fé em Jesus, compreendemos que ele é o maior milagre de todos. Quando acreditamos em Jesus, cremos no que ele nos diz. E o que ele nos mostra é que todos os milagres da Bíblia apontam para ele. Uma vez que cremos nele, não é mais um grande salto acreditar nesses grandes atos de Deus que nos mostram seu plano de redenção em e por meio de seu Filho.

Perguntas para reflexão

1. Qual é a diferença entre um milagre e um truque de magia?

2. Deus usa as coisas que ele criou no mundo para realizar um milagre?

3. Por que alguns milagres da Bíblia são perigosos para pessoas (por exemplo, Êxodo 14:27-29. Dica: Êxodo 14:31)?

Leituras recomendadas

Lennox, John. *Miracles: Is Belief in the Supernatural Irrational?* [Milagres: crer no sobrenatural é irracional?]. Veritalks, vol. 3 (Cambridge: Veritas Forum, 2013).

Lewis, C. S. *Miracles, a Preliminary Study* (New York: Simon e Schuster, 1947).

Metaxas, Eric. *Milagres podem mudar a sua vida* (Rio de Janeiro: Fontanar, 2015).

Warfield, Benjamin Breckinridge. *Miracles Yesterday and Today, True and False* [Milagres ontem e hoje, verdadeiros e falsos] (Grand Rapids: Eerdmans, 1953).

Capítulo 5
Por que crer que Jesus ressuscitou dos mortos?

Razões

Razões históricas

Em 21 de junho de 1969, Neil Armstrong deu "um pequeno passo para o homem, um salto gigantesco para a humanidade". O primeiro homem havia pisado na Lua. Eu estava no trabalho naquele final de tarde e fiz uma pausa para assistir ao evento na televisão. Era a segunda vez em minha jovem vida (a primeira foi o assassinato de John F. Kennedy) em que eu estava consciente de estar assistindo a um momento significativo da história.

Ou será que não? Não demorou muito até que se começassem a escrever livros e artigos sobre o "embuste" do pouso na Lua. Em 1974, apenas quatro anos depois do acontecimento, Bill Kaysing publicou *We Never Went to the Moon: America's Thirty Billion Dollar Swindle* [Nós nunca fomos à Lua: a fraude americana de 30 bilhões de dólares]. Nesse livro, ele argumenta que a probabilidade de um pouso na Lua era extremamente baixa. Seria mais fácil para a NASA forjar um pouso do que realizá-lo.

Suponha que você decida investigar o primeiro pouso na lua e que todas as pessoas envolvidas naquele evento já tenham morrido. O que você faria? Como você provaria que esses homens puseram os pés na lua em 1969?

Certeza você começaria aproveitando a abundância de informações que está disponível online hoje. Você começaria lendo artigos de notícias originais, transcrições de entrevistas, relatos dos astronautas que estiveram ali etc. Você reuniria todas as informações que pudesse para compilar uma argumentação convincente da primeira caminhada na Lua.

Ao longo da pesquisa, você também percebe que todos aqueles que pensam que a ida à lua foi uma fraude fizeram todas as pesquisas que você fez. Leram as notícias, as transcrições de entrevistas, os relatos dos astronautas etc. Com todas essas informações, eles concluíram que o evento foi um embuste; não havia como ele realmente ocorrer.

Como é possível que pessoas tenham exatamente as mesmas informações e com essas mesmas informações cheguem a conclusões opostas? Há pelo menos dois motivos para isso.

O primeiro está relacionado à natureza da investigação histórica. O problema não é a investigação histórica em si. A pesquisa histórica é algo muito bom e uma parte necessária do que todos nós cremos e entendemos a respeito do nosso mundo. Todos nós cremos que César cruzou o Rubicão em 49 a.C., o que deu início ao Império Romano. Uma das fontes primárias dessa crença, contudo, é Suetônio, que escreveu mais de um século depois do feito de César. O manuscrito mais antigo de Suetônio disponível — apenas um — é de quase mil anos após a sua morte. Há uma quantidade minúscula de evidências escritas disponível sobre a vida de César.

A questão, entretanto, não é lançar dúvidas sobre o fato de César ter cruzado o Rubicão em 49 a.C, ou questionar detalhes de sua vida apresentados por Suetônio, Plínio e outros historiadores. A questão é reconhecer que a investigação histórica serve a um objetivo particular. Seu propósito não é nos dar certeza absoluta a respeito do que é narrado. Ao contrário, a pesquisa e a investigação histórica muitas vezes são capazes de fornecer credibilidade suficiente para crer em suas conclusões.

Em sua obra clássica *Evidências que exigem um veredicto*, Josh McDowell inclui um capítulo abrangente sobre a credibilidade da ressurreição. Neste capítulo, chamado "A ressurreição — fraude ou história?", McDowell inclui citações de passagens bíblicas e de historiadores, advogados, ateus e outros, todas dando testemunho da verdade histórica da ressurreição. A leitura dessas fontes é muito recomendável. Trata-se de uma série impressionante de testemunhos que corroboram a realidade da ressurreição na história. No final do capítulo, McDowell diz: "Compete a você tomar a decisão. As provas falam por si mesmas. Elas dizem de modo bem claro: Cristo realmente ressuscitou."*

John Warwick Montgomery que, como McDowell, é um apologista da fé cristã, apresenta um laudo mais honesto em sua avaliação das evidências a favor das afirmações sobre Jesus, incluindo a ressurreição. Montgomery conclui sua análise histórica com o seguinte: "Agora deve estar bem claro para o leitor que a possibilidade de no futuro surgirem evidências para negar a força das evidências existentes a favor das afirmações de Jesus é quase pequena demais para ser levada a sério. As evidências a favor da ressurreição envolvem apenas quatro documentos, cujas datas de composição foram estabelecidas sem margem de dúvida. A única *prova nova* relevante que poderia ser pertinente a esse problema seria a descoberta dos restos mortais

---

* Josh McDowell, *Evidence That Demands a Verdict: Historical Evidences for the Christian Faith* (Orlando: Campus Crusade for Christ, 1972), 270 [edição em português: *Evidência que Exige um Veredicto: Evidências Históricas da Fé Cristã* (São Paulo: Editora Candeia, 1996, 2. ed.)].

de Jesus[...], mas a possibilidade de esses dados existirem é *virtualmente* zero."*

A conclusão de Montgomery ajuda a explicar a natureza da investigação histórica. Ainda que às vezes sejam necessárias e úteis, as evidências históricas conseguem oferecer uma conclusão apenas provável. É por isso que Montgomery precisa admitir que "a possibilidade" de surgirem novas evidências que neguem as afirmações de Jesus é "quase pequena demais para ser levada a sério". Nós poderíamos dizer isso de outra maneira ao afirmar que, na verdade, essas futuras evidências poderiam ser aventadas por qualquer pessoa que quiser considerá-las. A probabilidade pode ser pequena de acordo com os padrões de Montgomery, mas ainda é provável. É por essa razão que Montgomery precisa admitir que a possiblidade de alguém descobrir o corpo de Jesus é "virtualmente zero". Observe, a possibilidade de descobrir o corpo de Jesus não é zero, mas virtualmente zero.

Precisamos reiterar que o problema aqui não é a investigação histórica em si. Isso é o melhor que a investigação histórica é capaz de oferecer e, como dissemos, essa investigação às vezes é necessária e útil em uma grande quantidade de áreas, sendo que uma delas — e não a menos importante — é o estudo dos fatos históricos registrados no Antigo e no Novo Testamentos. O cristianismo é uma religião histórica. Ele não começou em algum canto escondido ou com um homem que recebeu uma revelação de outra pessoa. O cristianismo começou como um fato histórico e sua história jamais deve ser ignorada ou subestimada.

No entanto, como indica Montgomery, a investigação histórica só é capaz de chegar a uma conclusão com certo grau de probabilidade. Talvez, depois de um grande volume de pesquisa histórica, seja

---

* John Warwick Montgomery, *The Shape of the Past: An Introduction to Philosophical Historiography* [A forma do passado: Uma introdução à historiografia filosófica] (Ann Arbor: Edwards, 1968), 237, grifo nosso.

a grande a probabilidade de que algum acontecimento ocorreu. Mas como ainda resta alguma probabilidade de que o evento possa não ter ocorrido, ainda há algum grau de dúvida. É esse tipo de dúvida que permite teorias de uma fraude em relação à caminhada na lua, ou que os ataques de 11 de setembro tenham sido feitos pelos Estados Unidos, e não por terroristas, ou qualquer uma das numerosas teorias da conspiração. Pode ser que para muita gente essas teorias sejam pouco plausíveis, mas o que não lhes falta é probabilidade, ainda que essa seja "virtualmente zero".

Assim, alguém pode ler livros como os de McDowell e Montgomery. Os dois livros têm maneiras diferentes de apresentar as evidências históricas do cristianismo em geral, e da ressurreição em particular. Pode ser que alguém seja convencido por essas evidências de que o cristianismo é um fato, e mesmo que a ressurreição é um fato.

"Fatos são teimosos", disse John Adams, e algumas vezes sua teimosia se implanta em nosso sistema de crenças. E isso é bom.

Isso nos leva à segunda razão pela qual as pessoas podem chegar a conclusões opostas quanto a fatos históricos. Existem coisas ainda mais teimosas do que os fatos. Essas coisas são nossas predisposições e inclinações, nossos comprometimentos mais básicos (veremos um exemplo disso na seção "Respostas"). Todos nós temos comprometimentos básicos que nos obrigam a interpretar os fatos de certo modo. As grandes discordâncias nas guerras culturais não se devem primariamente aos fatos, mas à interpretação desses fatos. Os fatos do desenvolvimento fetal, por exemplo, são claros; com todos os nossos avanços na ciência, agora podemos acompanhar cada etapa desse desenvolvimento, mas a forma como "vemos" esses fatos depende de nossos comprometimentos básicos com nossa definição de "vida", ou "ser humano" etc. No debate sobre o aborto, os fatos são os mesmos para todos, mas são os comprometimentos básicos que fazem com que esses fatos teimosos digam coisas diferentes.

Quando McDowell diz que "as evidências falam por si" e que são "muito claras", ele fala como alguém que já está comprometido com Cristo. Uma pessoa que não está tão comprometida poderia facilmente enumerar uma série de autoridades e citações contrárias à ressurreição, cujas evidências então "falariam por si" e seriam "muito claras" para qualquer um que quiser refutar a ressurreição de Jesus.

Os fatos são realmente teimosos, mas sua teimosia não se compara à teimosia quase insuportável de nossos comprometimentos básicos. Esses comprometimentos tornam-se a lente através da qual lemos os fatos. É necessário mais do que fatos teimosos quando se trata de nosso entendimento de nós mesmos, do mundo à nossa volta e tudo o mais.

Razões cristãs

Se tudo o que temos são razões históricas para a nossa crença na ressurreição, então é possível concluir, com um certo grau de probabilidade, que a ressurreição de Jesus Cristo ocorreu na história. Isso não é ruim; pode ser muito útil quando pensamos na ressurreição. Isso empresta uma certa credibilidade à historicidade do cristianismo. De todas as religiões, o cristianismo é a que possui mais evidências históricas e, portanto, menos a esconder no que se propõe. Nunca deveríamos ocultar ou desdenhar o aspecto histórico do cristianismo.

Contudo, também reconhecemos que, quando pensamos na pergunta "por que" em relação à ressurreição de Jesus, os cristãos não deveriam jamais se satisfazer em basear sua crença na ressurreição de Jesus apenas em dados históricos. Esses dados podem apoiar nossa crença na ressurreição. Podem complementar o que cremos e as razões pelas quais cremos, mas dados históricos não podem ser o centro da nossa resposta à pergunta "por quê". Se os dados históricos estiverem no centro, o melhor que podemos dizer é, como Montgomery, que acreditamos que a ressurreição provavelmente aconteceu. No entanto, isso não basta; nós não cremos na probabilidade da ressurreição. Ao contrário, o centro da nossa resposta à pergunta "por que crer na ressurreição?" é que, sem a ressurreição de Jesus, na verdade não existe cristianismo.

O motivo é que o significado da ressurreição precisa estar amarrado à sua ocorrência factual e histórica. Suponha, por exemplo, que alguém passe a crer que a ressurreição de Jesus aconteceu na história. Como nossos pré-comprometimentos e preconceitos interpretam essas coisas, talvez queiramos perguntar por que alguém acredita em um acontecimento aparentemente tão impossível. Pode ser que a resposta seja, como a Rainha de Copas disse a Alice: "Por que às vezes me acontecia acreditar em seis coisas impossíveis antes do café da manhã"*. A crença na ressurreição seria simplesmente uma crença em algo impossível e nada mais.

O fato da ressurreição de Jesus pode facilmente ser incorporado em uma visão de mundo segundo a qual o acaso é a palavra final. Se o universo funciona conforme a progressão de acontecimentos aleatórios, então uma ressurreição é só uma das "seis coisas impossíveis antes do café da manhã". Afinal, coisas estranhas acontecem em um mundo aleatório. A ressurreição ocupa seu lugar ao lado de Stonehenge. É equivalente à estranha noção, sugerida por Francis Crick, vencedor do Prêmio Nobel e descobridor do DNA, que alienígenas poderiam ser responsáveis pela vida no planeta Terra. **

---

* Lewis Carroll, *Through the Looking-Glass* (Kindle Locations 535–536), kindle edition [edição em português: *Alice Através do Espelho* (São Paulo: Autêntica Infantil e Juvenil, 2017)].
** Veja "UK Scientists: Aliens May Have Sent Space Seeds to Create Life on Earth", disponível em <http://www.huffingtonpost.com/2015/02/03/aliens-send-space-seed-to-earth_n_6608582.html>.

Coisas estranhas acontecem, e pode ser que alguma outra civilização tenha vindo à terra e começado a vida aqui.

O motivo pelo qual os cristãos creem na ressurreição de Cristo, porém, não é simplesmente porque acreditamos em milagres ou na vida após a morte. O motivo pelo qual os cristãos creem na ressurreição é que, desde que o pecado entrou no mundo, o fato da ressurreição de Jesus — juntamente com seu significado — constitui o centro de todo o plano de Deus para o mundo.

O apóstolo Paulo escreveu sua primeira carta aos coríntios em meados do primeiro século, cerca de 25 anos depois de Jesus ascender aos céus. No final dessa carta, ele descreve para a igreja a centralidade e o significado da ressurreição de Cristo. Sua descrição pouco tem a ver com o caráter milagroso da ressurreição, embora certamente tenha sido milagrosa. Não, Paulo escreve à igreja que a ressurreição é a "chave" central que destrava o cristianismo como um todo. Três aspectos da ressurreição a tornam o centro do cristianismo e juntos respondem à pergunta "por quê?".

O primeiro aspecto que Paulo menciona é este: "Pois o que primeiramente lhes transmiti foi o que recebi: que Cristo morreu pelos nossos pecados, segundo as Escrituras, foi sepultado e ressuscitou no terceiro dia, segundo as Escrituras" (1Coríntios 15:3-4). Paulo faz com que a igreja se lembre do seu ministério entre eles. Nesse ministério, o apóstolo os lembra da parte mais importante de seu ministério e, portanto, da fé cristã. O que é "primordial" é que Cristo morreu pelos nossos pecados, foi sepultado e ressuscitou no terceiro dia. Qualquer cristão imediatamente verá que isso é o evangelho. A boa notícia do evangelho de Jesus Cristo está resumida neste único trecho.

No entanto, observe um aspecto essencial dessa boa notícia. Paulo repete duas vezes para destacar sua fonte. A morte, o sepultamento e a ressurreição de Jesus aconteceram segundo as Escrituras.

Talvez sejamos tentados a pensar que Paulo se refere às escrituras do Novo Testamento. Mas isso não é possível, visto que grande parte do Novo Testamento, inclusive os evangelhos, ainda seriam escritos quando Paulo escreve esta carta. Quando Paulo diz que transmitiu esse evangelho segundo as Escrituras, está afirmando que a fonte do evangelho que ele lhes transmitiu é o Antigo Testamento!

Paulo não está sozinho em sua afirmação de que a obra de Cristo foi dada no Antigo Testamento. Depois de ressuscitar, Jesus disse a mesma coisa aos seus discípulos: "E disse-lhes: 'Foi isso que eu lhes falei enquanto ainda estava com vocês: Era necessário que se cumprisse tudo o que a meu respeito está escrito na Lei de Moisés, nos Profetas e nos Salmos.' Então lhes abriu o entendimento, para que pudessem compreender as Escrituras. E lhes disse: 'Está escrito que o Cristo haveria de sofrer e ressuscitar dos mortos no terceiro dia'" (Lucas 24:44-46; veja também João 20:9, Atos 26:23). O próprio Senhor testifica que o Antigo Testamento, se lido corretamente, faz alusão muitas e muitas vezes — na Lei, nos livros proféticos e nos Salmos — ao fato de que Cristo irá morrer e ressuscitar.

Em certa ocasião, Jesus repreendeu os fariseus, pois queriam um "sinal" que lhes indicasse sua verdadeira identidade. Jesus lhes disse que seu pedido é mau e que eles já têm um sinal, que lhes foi dado pelos profetas: "Ele respondeu: 'Uma geração perversa e adúltera pede um sinal miraculoso! Mas nenhum sinal lhes será dado, exceto o sinal do profeta Jonas. Pois assim como Jonas esteve três dias e três noites no ventre de um grande peixe, assim o Filho do homem ficará três dias e três noites no coração da Terra'" (Mateus 12:39-40). O próprio pedido por um sinal ilustra sua falta de entendimento do Antigo Testamento.

Temos outro exemplo nas palavras de Paulo na sinagoga de Antioquia. Paulo debate com os presentes ali com base no que o Antigo Testamento diz a respeito de Jesus e sua obra. Ele lhes diz, por exemplo, que o Salmo 16:10 se refere à ressurreição de Jesus: "Assim ele diz noutra passagem: 'Não permitirás que o teu Santo sofra decomposição'. Tendo, pois, Davi servido ao propósito de Deus em sua geração, adormeceu, foi sepultado com seus antepassados e seu corpo se decompôs. Mas aquele a quem Deus ressuscitou não sofreu decomposição" (Atos 13:35-37).

Aqueles homens que conheciam sua Bíblia (o Antigo Testamento) deveriam ter percebido que a afirmação de Davi de que "o Santo" de Deus não sofrerá decomposição não podia se referir a Davi. Davi estava morto e seu corpo havia se decomposto. Eles deveriam ter visto que o versículo se refere a um "Santo" que morreria, mas não sofreria a decomposição da morte, de modo que viveria novamente! Depois da ressurreição, o próprio Jesus, bem como os apóstolos, pegaram suas Bíblias, que consistiam apenas do Antigo Testamento, e mostraram às pessoas como todo o Antigo Testamento prediz e aponta para a obra de Cristo, que culmina com sua ressurreição.

A ressurreição é mais do que milagrosa (o que ela naturalmente é). Ela é o fio dourado que envolve e amarra a totalidade da história da redenção. Desde que Adão trouxe a morte ao mundo, o plano de Deus foi destruir a morte por meio da vida após a morte.

O segundo motivo que Paulo dá para a centralidade da ressurreição é tão abrangente quanto o primeiro, pois em vez de compreender a história, ela compreende a totalidade da fé bíblica. "E, se Cristo não ressuscitou, é inútil a nossa pregação, como também é inútil a fé que vocês têm. Mais que isso, seremos considerados falsas testemunhas de Deus, pois contra ele testemunhamos que ressuscitou a Cristo dentre os mortos. Mas se de fato os mortos não ressuscitam, ele também não ressuscitou a Cristo" (1Coríntios 15:14-15). Essa é uma declaração impressionante. Se a ressurreição de Cristo não aconteceu, então a pregação e a fé resultantes são inúteis. Se não há ressurreição, então "somos, de todos os homens, os mais dignos de compaixão"

(1Coríntios 15:19) porque estamos fundamentando toda a nossa vida numa mentira fútil e sem sentido.

A consequência pungente do pecado que Adão trouxe sobre si mesmo e sobre toda humanidade é a morte. É uma corrupção daquilo que Deus deu a Adão e Eva quando os fez à sua imagem. Ele soprou neles o fôlego da vida. O pecado mata essa vida (embora não mate nossa existência eterna), mas Deus está determinado a fazer com que a vida continue. Porém ela só pode continuar se o pecado for vencido, isto é, se a morte puder ser derrotada.

Mas como o pecado pode ser vencido? Ele não pode ser vencido pelo pecado, mas sim por alguém que não está sujeito ao pecado. Se existe alguém que não está sujeito ao pecado, então o pecado não é capaz de vencê-lo, ainda que continue a reinar sobre aqueles que pecam. O pecado precisa ser vencido por alguém que não tem pecado e que toma a punição do pecado sobre si. Por causa de Adão e sua descendência, portanto, é preciso haver alguém sem pecado e que experimente a morte, mas a derrote ao viver novamente, de modo que a vida possa continuar apesar da morte que o pecado exige.

É por isso que nossa fé, que nos une a Cristo, é fútil, sem sentido e inútil se não há ressurreição. A ressurreição de Jesus é a única maneira de essa fé ser viva e não inútil. Os mortos não podem salvar os vivos. Confiar em alguém que está morto (que é o dilema de quase todas as demais religiões) é declarar essa confiança vã e sem esperança.

Para dizer isso nas palavras dos nossos dois primeiros motivos, se Cristo não ressuscitou, então tudo para o que o Antigo Testamento aponta, tudo o que o Novo Testamento declara, tudo o que admitimos de boa vontade e com o que concordamos — cada elemento mínimo da verdade cristã — no final das contas não tem sentido e é vão. Essencialmente, é algo morto.

O terceiro motivo pelo qual cremos na ressurreição está relacionado aos outros dois. Duas vezes em 1Coríntios 15, nos versículos

20 e 23, Paulo descreve a ressurreição de Jesus como as "primícias". Essa palavra se refere à prática do Antigo Testamento de trazer as primícias, ou primeiros frutos da colheita, como sacrifícios a Deus (Êxodo 23:19). A razão para trazer as primícias não era apenas o fato de pertencerem a Deus. Era um sacrifício cujo propósito era confessar que a colheita toda pertence a Deus e é obra de suas mãos! Trazer as primícias como sacrifício a Deus era a maneira de Israel dizer: "Senhor, tudo o que tenho pertence a ti; não apenas essas primícias, mas tudo o que tu deste". As primícias constituíam uma oferta para declarar que a colheita toda era de Deus.

A Bíblia ensina que a ressurreição de Jesus é o início de um único acontecimento de "colheita". Esse acontecimento é a ressurreição de todos os que têm vida em Cristo porque têm fé nele. A fé nos dá "uma nova vida" (Romanos 6:4). Em outras palavras, a ressurreição daqueles que estão em Cristo começa quando estamos em Cristo. Não é algo que precisa esperar até recebermos nossos novos corpos no último dia. Nossa ressurreição atingirá seu clímax quando recebermos esses corpos, mas os novos corpos serão a conclusão daquilo que começou quando fomos ressurretos pela fé em e pelo próprio Cristo.

É por isso que nossa fé seria inútil sem a ressurreição. Nossa fé inaugura e consagra nossa ressurreição. Entretanto, se Cristo não ressuscitou, então também não podemos ter uma nova vida. Sem a ressurreição, o pecado continua sendo o princípio da morte em nós. Ele reina em nós. Se isso é verdade, então devemos "comer e beber, porque amanhã morreremos" (1Coríntios 15:32).

Esse último ponto nos leva a considerar a vida depois da morte. Em nossa análise da ressurreição de Jesus, chegamos ao motivo central — e principal — pelo qual cremos na vida após a morte (mais sobre isso no capítulo 7).

O princípio da vida não é algo que permanece em nós intrinsecamente. É verdade que, como os seres humanos foram feitos à imagem de Deus, continuarão existindo pela eternidade. Nesse sentido, a existência sem fim está atrelada ao que significa ser à imagem de Deus.

Na Bíblia, porém, as noções de "morte" e "vida" — embora admitam a existência sem fim de toda e qualquer pessoa — são conceitos muito mais ricos do que a "mera existência". Desde a entrada do pecado no mundo, a noção de "pecado" não está associada em primeiro lugar ao fim de nossa existência terrena. "Morte" na Bíblia significa uma existência sem a companhia e comunhão com Deus. Quando Adão pecou, ele e Eva foram expulsos do jardim, que era o lugar em que a vida havia sido prometida (Gênesis 3:22). A árvore da vida ficou fora de seu alcance, e eles começaram sua existência mortal banidos da vida que lhes fora oferecida.

Em Apocalipse 20:6, João escreve a respeito de uma "segunda morte": "Felizes e santos os que participam da primeira ressurreição! A segunda morte não tem poder sobre eles; serão sacerdotes de Deus e de Cristo, e reinarão com ele durante mil anos." Aqueles que "participam da primeira ressurreição" são aqueles incluídos nas "primícias" da ressurreição de Jesus. São aqueles que têm vida. E eles têm vida por causa da vida de Cristo em sua ressurreição.

A vida de ressurreição de Cristo é a vida que permaneceu sem pecado, morreu e ressuscitou novamente, e assim não está sujeita aos efeitos do pecado. Ainda que Jesus não tenha cometido pecados, a vida de sua ressurreição é a vida que venceu a morte *ao morrer*! A morte que derrotou a morte não foi uma morte merecida. Foi a única morte não merecida. Ao contrário, foi uma morte vestida como uma roupa, uma morte assumida, uma morte aceita, de modo que em Jesus aqueles que a merecem não tenham de suportá-la pela eternidade.

Nas Escrituras, a vida não é somente uma existência sem fim. É a existência naquele que é vida porque, não tendo pecado, derrotou a morte. Todos que estão nele viverão eternamente. Aqueles que estiverem contra ele serão entregues à "segunda morte", que é o lago de fogo eterno (veja Apocalipse 20:14; 21:8).

Os cristãos creem na vida depois da morte porque Cristo ressuscitou. Ele provavelmente não ressuscitou ou provavelmente está vivo. Se ele provavelmente ressuscitou, então nossa fé provavelmente é inútil, mas se ele ressuscitou, e porque ele vive, nós viveremos. Os demais, que vivem em oposição a ele e a sua vida, existirão eternamente na "segunda morte".

A certeza da ressurreição de Cristo nos dá a certeza de que aqueles que estão nele viverão. Quaisquer outros motivos para crer na ressurreição de Jesus, além daqueles apresentado nas Escrituras, jamais poderão estabelecer a verdade lapidar de que Cristo está vivo, nem poderão nos dar a confiança duradoura de que, porque ele vive, nós também viveremos.

Respostas

As objeções à ressurreição de Cristo são inúmeras. Mesmo a partir da época em que Jesus ressuscitou, começaram-se a inventar histórias para contradizê-la (veja Mateus 28:13). A grande maioria das objeções está relacionada ao problema "histórico" que mencionamos. Esse problema, como dissemos, tem mais a ver com as crenças básicas de uma pessoa do que com os "fatos". Outras objeções têm a ver com o "problema" dos milagres, de modo geral, e nós as examinamos no capítulo 4.

Em vez de repetir o que dissemos a respeito das objeções "históricas" e objeções referentes a milagres, talvez seja útil examinarmos brevemente algumas objeções mais específicas à ressurreição que às vezes aparecem. Essas objeções darão peso à nossa discussão anterior, sobretudo em relação aos "compromissos básicos".

Em seu livro *The Case Against Christianity* [A hipótese contra o cristianismo], Michael Martin dedica um capítulo a uma análise da ressurreição de Jesus. Como ateu, Martin apresenta algumas das objeções ateístas padrão à ressurreição. Não podemos detalhar todas aqui; pode ser proveitoso, contudo, considerar os motivos iniciais do seu ceticismo.

Sob o título "Obstáculos iniciais para crer na ressurreição", Martin começa admitindo que a Bíblia reconhece a ressurreição de Jesus como milagre. Entretanto, diz Martin, "essa premissa imediatamente apresenta obstáculos à sua aceitação. Primeiro, quem crê na suposta ressurreição de Jesus precisa apresentar razões para supor que ela provavelmente não pode ser explicada por alguma lei desconhecida da natureza. Visto que presumivelmente nem todas as leis foram descobertas, isso parece difícil. Os advogados da ressurreição de Jesus devem argumentar que é provável que o fato de Jesus voltar à vida não será explicado no futuro pela ciência com base em leis da natureza ainda não descobertas".* Toda vez que se apresentam objeções como essa, é aconselhável fazer uma pausa e observar exatamente o que está sendo dito.

Observe, primeiramente, que Martin impõe uma obrigação àqueles que creem na ressurreição. Ele decidiu o que as pessoas que creem na ressurreição "devem" fazer. Esse fato já merece uma pergunta ou duas. Qual é a força do "devem" nessa afirmação? Temos de apresentar razões porque, sem as razões especificadas por Martin, nossa crença é falsa? Seria impossível argumentar isso. Temos de apresentar razões porque, sem as razões especificadas por Martin, o próprio Martin não poderá aceitá-las? Mais sobre o assunto em breve.

---

* Michael Martin, *The Case Against Christianity* [A hipótese contra o cristianismo] (Philadelphia: Temple University Press, 1991), 74.

No entanto, percebemos que as razões que devemos apresentar estão relacionadas à probabilidade da ressurreição à luz de leis desconhecidas da natureza. O absurdo dessa exigência deveria ser óbvio. Se aceitássemos a proposta de Martin e concordássemos com a obrigação que ele nos impõe, nossa concessão seria mais ou menos assim: "Sabe, Michael, você tem razão. Eu não havia levado em conta que minha crença na ressurreição de Jesus era tão improvável diante do cenário de leis da natureza que eu não conheço. Como é que eu não percebi isso antes?"

Em outras palavras, a objeção de Martin à ressurreição é que talvez, no futuro, cientistas descubram leis da natureza que possam explicar a ressurreição. Supondo que aconteça, deveríamos demonstrar-lhe como podemos continuar crendo na ressurreição.

Para usar uma analogia, digamos que eu creia que estive dormindo durante seis horas na noite passada. Suspeito que muitos outros acreditem que também estiveram dormindo na noite passada. Não tenho nenhuma documentação para essa crença, nem fotos ou testemunhos. É irracional para mim acreditar que eu dormi porque cientistas podem descobrir, no futuro, alguma lei da natureza antes desconhecida que prove que os humanos nunca dormem de fato? Claro que não. Não é possível medir o que é racional ou irracional com base em uma futura descoberta desconhecida.

A segunda objeção de Martin que mencionaremos é que, como os escritores das Escrituras eram tendenciosos em seus relatos da ressurreição, não se deve dar crédito a esses relatos. Veja o que ele diz: "Talvez os supostos milagres não se devam a algum truque ou fraude, mas a uma percepção errônea baseada numa ideia religiosa preconcebida. *Uma pessoa cheia de zelo religioso* é capaz de *ver o que deseja ver, não o que realmente existe.* Sabemos, a partir de estudos empíricos, que as crenças e os preconceitos das pessoas influenciam o que elas percebem e relatam. Portanto, a questão é — será que Jesus voltou à vida e apareceu aos seus discípulos, ou será que seu corpo foi roubado e seus discípulos "viram" o que queriam ver?

O que pode parecer óbvio em uma primeira leitura dessa objeção por algum motivo não é tão óbvio para Martin. Quando diz que "uma pessoa cheia de zelo religioso é capaz de ver o que deseja ver, não o que realmente existe" ele não reconhece que essa afirmação se aplica igualmente a ele. Talvez ele pense que seu ateísmo é muito diferente de um "zelo religioso". Mas não é.

Já que os nossos preconceitos afetam o modo como vemos as coisas, a parcialidade dos autores dos evangelhos não representa uma ameaça mais significativa ao fato da ressurreição do que a parcialidade de Martin na direção contrária. Em cada caso existe parcialidade e essa parcialidade nos leva a crer em determinadas coisas de determinada maneira. Como Martin aborda o assunto da ressurreição de Jesus como ateu, não supreende que ele "veja" a ressurreição de uma determinada maneira.

É por isso que os argumentos que podemos apresentar a favor de nossa crença na ressurreição, se apresentados de acordo com as condições de Martin, jamais seriam aceitos por ele. Seu viés ateu não só define as regras básicas para a crença na ressurreição, mas também as conclusões sobre se essas regras estão sendo aplicadas corretamente.

Começamos a ver por que Martin quer exigir que os que creem na ressurreição justifiquem sua crença com base em futuras leis científicas desconhecidas. É o forte viés e zelo "religioso" de Martin que produz um teste tão incoerente para nossa crença na ressurreição. Realmente, a parcialidade pode deixar alguém cego para o óbvio.

Em vez de atender às exigências de Martin, talvez uma discussão mais proveitosa poderia começar com o reconhecimento de nossos preconceitos e viéses, e então perguntar até onde esses viéses e preconceitos podem nos levar ao entender o mundo e a nós mesmos neste mundo. A ressurreição, embora seja central para o evangelho e o cristianismo, só pode ser o que é no contexto de uma visão de mundo cristã. Em qualquer outra visão de mundo, ela é simplesmente uma ocorrência estranha.

Poderíamos dizer mais a respeito das objeções de Martin, mas isso deve bastar por enquanto. Se alguém estiver interessado, uma leitura do restante do "caso" de Martin contra o cristianismo na verdade pode ajudar os cristãos a reconhecer quão firme é a sua fé, sobretudo quando comparada ao cenário do ateísmo de Martin.

Conclusão

A ressurreição de Jesus é uma fraude ou um fato histórico? Quanto peso podemos dar às evidências? Michael Martin acha que é preciso apresentar evidências claras e empíricas. E se alguém realmente viu o Cristo ressurreto?

Em Lucas 16, Jesus contou uma parábola aos fariseus, "que amavam o dinheiro" (Lucas 16:14). A parábola falava de um homem rico que havia morrido e ido ao Hades, o lugar de tormento, e de um mendigo que igualmente morrera e fora confortado ao lado de Abraão. O rico primeiro pediu a Abraão que lhe desse algum conforto. Mas Abraão lhe disse que havia um grande abismo entre ele e o Hades, e esse abismo não podia ser cruzado.

Então o rico pediu que seus parentes fossem alertados sobre esse tormento: "'Então eu te suplico, pai: manda Lázaro ir à casa de meu pai, pois tenho cinco irmãos. Deixa que ele os avise, a fim de que eles não venham também para este lugar de tormento.' Abraão respondeu: 'Eles têm Moisés e os Profetas, que os ouçam.' 'Não, pai Abraão', disse ele, 'mas se alguém dentre os mortos fosse até eles, eles se arrependeriam.' Abraão respondeu: 'Se não ouvem a Moisés e aos Profetas, tampouco se deixarão convencer, ainda que ressuscite alguém dentre os mortos'" (Lucas 16:27-31).

Não é possível fazer uma declaração mais inequívoca sobre o impacto convincente das evidências visíveis ou históricas a favor da ressurreição. Jesus diz aos fariseus que seu problema não é que precisam de evidências relativas à ressurreição. Essas evidências continuariam não sendo convincentes para eles. Ao contrário, diz Jesus, "Se não ouvem a Moisés e aos Profetas, tampouco se deixarão convencer, ainda que ressuscite alguém dentre os mortos".

As evidências históricas a favor da ressurreição não devem ser evitadas. Elas podem ter seu lugar nas discussões sobre a ressurreição de Jesus. Porém, como o próprio Jesus nos lembra, a menos que ouçamos "Moisés e os Profetas" — isto é, a menos que ouçamos e creiamos no que o próprio Deus disse em sua Palavra, não há como convencer alguém da ressurreição de Cristo, ainda que ele mesmo pudesse testemunhá-la! Isso nos leva de volta, como já seria de esperar, ao nosso primeiro capítulo. O motivo pelo qual cremos na ressurreição é o mesmo pelo qual qualquer um crerá nela — porque, pela graça de Deus através da fé em Jesus, ouvimos a Palavra de Deus dita a nós nas Escrituras.

Jesus Cristo está vivo. Ele agora reina em seu corpo espiritual nos lugares celestiais. O "princípio da vida" que começou na criação quando Deus soprou o seu fôlego só pôde prosseguir porque aquele que não deveria ter morrido, pois não pecou, morreu por nós a fim de que nós, que estamos "mortos em nossas transgressões e pecados" (Efésios 2:1), vivamos nele.

Sem a ressurreição não há cristianismo. Sem a ressureição não há vida. Jesus, que é a vida (João 14:6), é o único caminho para a verdadeira vida eterna com ele. Porque ele vive, nós que estamos nele também viveremos — para sempre.

Perguntas para reflexão

1. Como as Escrituras deixam claro que a ressurreição de Jesus foi um acontecimento público?

2. Por que Jesus não podia simplesmente vir ao mundo e dar vida a qualquer pessoa que confiasse nele? Por que ele teve de ser ressuscitado dos mortos?

3. Em sua opinião, qual é a objeção mais significativa à ressurreição de Jesus? Como você poderia responder a ela?

Leitura recomendada

Bavinck, Herman. *Dogmática reformada: pecado e salvação em cristo*. Vol. 3 (São Paulo: Cultura Cristã, 2012).

Carson, D. A. *Escândalo: A cruz e a ressurreição de Jesus* (São José dos Campos: Fiel, 2011).

Gaffin, Richard B., Jr. *The Centrality of the Resurrection: A Study in Paul's Soteriology* [A centralidade da ressurreição: um estudo da soteriologia de Paulo] (Grand Rapids: Baker, 1978).

Machen, J. Gresham. "The Resurrection of Christ" [A ressurreição de Cristo]. In *Historic Christianity*, 66-78 (Philadelphia: Skilton House Ministries - Sowers, 1979).

Pictet, Benedict. "Of the Resurrection and Ascension of Christ" [Da ressurreição e ascensão de Cristo], in *Christian Theology*. Tradução para o inglês de Frederick Reyrou (Philadelphia: Presbyterian Board of Publication, n.d.), 262-71.

Capítulo 6
Por que crer na salvação?

A história de Louie Zamperini permaneceu relativamente obscura durante décadas até Laura Hillenbrand encontrar um artigo de jornal sobre ele. Hillebrand tinha o hábito de ler artigos de jornal antigos com o objetivo de obter fatos e informações para seu trabalho.

Enquanto folheava um jornal antigo, chamou-lhe à atenção um artigo a respeito de um homem chamado Louie Zamperini e sua habilidade na corrida. Ela ficou fascinada com Zamperini e intrigada com o que teria acontecido com ele desde seus dias de corredor. Quanto mais ela explorava sua vida, mais fascinante ficava a história.

Finalmente ela teve a oportunidade de encontrá-lo e ficou convencida de que sua história precisava ser contada. Seu livro sobre a vida de Zamperini, *Unbroken* [Invencível], estreou em segundo lugar na lista de mais vendidos do *New York Times* e ficou na lista por quase quatro anos.*

O livro registra a vida de Zamperini desde seus dias como corredor até sua vida após a guerra. Ele estava a caminho de uma me-

---

* *Unbroken* [Invencível] também foi lançado como filme em 2014, tendo um lucro de quase 170 milhões de dólares no mundo todo. O filme, contudo, termina prematuramente com a volta de Zamperini para casa após a guerra.

dalha olímpica na corrida. Infelizmente para ele, as Olimpíadas que seriam em Tóquio tiveram de ser canceladas porque os Estados Unidos haviam entrado em guerra com o Japão. Mais triste ainda para ele, Zamperini foi arrastado para a guerra e atingido no mar. Ele passou quarenta e sete dias lutando pela vida no mar, a bordo de um bote salva-vidas até ser "resgatado" pelos japoneses. Seus relatos de abuso e tortura nos campos de prisioneiros do Japão são quase inacreditáveis. Igualmente inacreditável é o fato de ele ter vivido para contar tudo.

Porém a guerra custou caro para Zamperini. Quando retornou para casa, estava emocional e fisicamente esgotado. Era atormentado por pesadelos com seus captores. As torturas que foi obrigado a suportar não terminaram quando ele voltou para casa, apenas mudaram de lugar — do seu corpo para sua mente. Seus dias e noites eram preenchidos com a tortura mental de suas memórias e ele tentou afastar seus demônios com o álcool.

Sua esposa ficou profundamente angustiada com a situação do marido após a guerra. Em dado momento, ela ficou sabendo que Billy Graham viria à sua cidade. Ela decidiu encontrar uma maneira de persuadir Louie a acompanhá-la para ouvir Graham. Relutantemente, seu marido foi. Ele ouviu quando Graham começou a pregar sobre o evangelho de João, capítulo 8.

Dentro dele, Louie sentiu algo se retorcer. "A escuridão não oculta os olhos de Deus", disse Graham. "Deus desmonta a sua vida desde o momento em que você nasce até o momento em que você morre. Quando você estiver diante de Deus no grande dia do juízo, você dirá: 'Senhor, eu não fui um sujeito tão ruim', e eles vão descer a tela e exibir o filme da sua vida do berço até o túmulo, e você ouvirá cada pensamento que passou por sua mente a cada minuto do dia, a cada segundo do minuto, e ouvirá as palavras que disse. Suas palavras, seus pensamentos e suas obras o condenarão quando você estiver diante de Deus naquele dia. E Deus dirá: 'Afaste-se de mim'."*

Isso não foram boas novas para Louie. Bem no fundo, ele sabia que se Deus começasse a enumerar todas as suas faltas e pecados ele falharia miseravelmente; seria incapaz de passar no teste. "Louie sentiu uma indignação ardente dentro de si, como se alguém tivesse acendido um fósforo. *Eu sou um homem bom*, ele pensava. *Eu sou um homem bom*. No momento em que teve esse pensamento, ele percebeu a mentira que havia nele."** Louie ouvira tudo o que queria ouvir naquela noite. Ele voltou para casa, para os pesadelos e para a tortura mental que haviam se tornado tão familiares para ele.

Sua esposa Cynthia, insistiu que ele fosse com ela novamente na noite seguinte. Louie se recusou. Ele havia ouvido o bastante, mas ela persistiu. Ele concordou em ir, com uma condição. Assim que Graham convidasse o público a baixar sua cabeça e orar, eles iriam embora.

Quando Graham terminou a pregação naquela noite, Louie pegou o braço de Cynthia e eles se dirigiram para o portão. De repente, outra lembrança perturbadora veio-lhe à mente: "Ele era um corpo num bote salva-vidas, morrendo de sede. Ele sentia palavras sendo sussurradas pelos seus lábios inchados. Era uma promessa lançada aos céus, uma promessa que ele não cumprira, uma promessa que ele se permitira esquecer até aquele instante: *Se o Senhor me salvar, vou servi-lo para sempre*. E então, parado debaixo de uma lona de circo numa noite clara no centro de Los Angeles, Louie sentiu a chuva cair. Aquele era seu último *flashback*. Louie deixou Cynthia para trás e

---

* Laura Hillenbrand, *Unbroken: A World War II Story of Survival, Resilience, and Redemption* (New York: Random House (2010), Kindle edition, locations 5991–994 [edição em português: *Invencível*. Tradução de Débora Landsberg (Rio de Janeiro: Objetiva, 2012).

** Ibid.

virou-se para Graham. Ele sentiu-se extremamente vivo. Começou a caminhar. 'É isso', disse Graham. 'Deus falou com você. Venha.'"*

A partir daquele dia até sua morte em 2014, a vida de Louie nunca mais foi a mesma; ele era um homem mudado. Os pesadelos acabaram para sempre; o álcool não era mais uma tentação, e Louie viveu as cinco décadas seguintes servindo ao Senhor que o transformara.

Sob praticamente todos os aspectos, a história de Louie Zamperini é dramática. Um atleta de ponta que tem sua oportunidade de glória roubada; um herói de guerra que vê sua humanidade roubada; um veterano de guerra roubado de sua sanidade. Mas então ele foi transformado. Ele ouviu as boas novas do evangelho, entregou-se ao Senhor Jesus Cristo e tudo o que ele uma vez foi perdeu a importância em comparação ao que ele se tornou. Era um novo homem.

A história de Louie Zamperini é incomum. Caso contrário, não seria material para livros mais vendidos ou *blockbusters*. Porém não são os aspectos incomuns da vida de Louie que são os mais importantes. O aspecto mais importante de sua vida toda é que Deus o salvou. É essa salvação que será nosso assunto neste capítulo. O que veremos é que, mesmo para vidas "comuns", uma mudança semelhante a que Louie experimentou é necessária para cada um de nós.

Razões

O Deus que salva

Antes de examinarmos os aspectos centrais da salvação, temos de discutir rapidamente quem é esse Deus que salva pessoas de seus pecados.

---

* Ibid., 6036-38.

Depois de Jesus ressuscitar dos mortos e antes de voltar para o Pai, ele deu aos seus discípulos a seguinte instrução: "Então, Jesus aproximou-se deles e disse: 'Foi-me dada toda a autoridade nos céus e na terra. Portanto, vão e façam discípulos de todas as nações, batizando-os em nome do Pai e do Filho e do Espírito Santo, ensinando-os a obedecer a tudo o que eu lhes ordenei. E eu estarei sempre com vocês, até o fim dos tempos'" (Mateus 28:18-20).

Ao longo dos séculos os cristãos reconheceram que o Deus que salva e o Deus que é adorado é um Deus que é três pessoas distintas. Jesus diz aos seus discípulos que aquele que quiser segui-lo precisa ser batizado no (único) nome do Pai, Filho e Espírito Santo.

Diferentemente de qualquer outra religião no mundo, o cristianismo reconhece que o Novo Testamento exige que os cristãos precisem receber o nome de Deus, que é Pai, Filho e Espírito Santo por meio do batismo. Isso significa que nos identificamos com esse nome. Também significa que quando os cristãos falam de Deus, referem-se àquele que é Pai, Filho e Espírito Santo.

Esse é um mistério profundo, insondável pela mente humana. Exatamente como um Deus pode ser três pessoas, cada uma das quais é plenamente Deus, isso está além de nossa capacidade de entender. Sem essa verdade, todavia, nenhuma salvação é possível.

Porque Deus é três em um, existem diferentes atividades realizadas por cada um. Jesus queria que seus discípulos entendessem essa verdade misteriosa antes que fosse levado à cruz. Assim, quando reuniu seus discípulos em um cenáculo, ou sala de jantar, começou a falar-lhes sobre a Trindade. Essas conversas, registradas em João 13-17, dizem-nos muito a respeito de cada uma das três pessoas e suas atividades de salvação distintas.

Se fôssemos resumir essas atividades, poderíamos dizer que o Pai é quem envia o Filho; o Filho é quem vem como homem para sofrer, morrer, ressurgir e ascender aos céus; e o Espírito vem para glorificar o Filho e aplicar a salvação que o Filho efetuou.

Essa é a glória da Trindade. Sem um Deus triúno não há possibilidade de salvação. Se Deus efetuar a salvação, todas as três pessoas precisam agir. As três devem estar determinadas a nos salvar.

Poderíamos falar muito mais sobre a Trindade de Deus, mas o que foi dito aqui é suficiente para que possamos ver o Filho de Deus, a segunda pessoa da Trindade, como o núcleo da conquista da salvação para seu povo.

O problema das "pessoas"

Quando os cristãos falam de "salvação", podemos ver imediatamente que algo está errado. A palavra "salvação" sempre indica algum tipo de livramento ou resgate. Pessoas são salvas de desastres e dificuldades terríveis. Quem não tem problemas ou não está em perigo não precisa ser salvo de nada.

O primeiro aspecto que precisa ser compreendido sobre a noção cristã de salvação é que ela aponta para condição humana universal. De modo geral, fala-se dessa condição como "pecado".

Um dos motivos pelos quais precisávamos começar este livro com capítulos que tratam da Bíblia e de Deus é que não somos capazes de entender o que é salvação até vermos o que a Bíblia diz sobre quem Deus é, quem nós somos, e o que Deus fez.

Os seres humanos não são o produto de um processo aleatório de mutações acidentais. Não nos tornamos "gente" porque o tempo e a matéria nos formaram aleatoriamente. Se fosse esse o caso, como veremos mais adiante, então não é possível afirmar coisa alguma que faça sentido sobre os seres humanos, nem os seres humanos são capazes de afirmar coisa alguma que faça sentido sobre o que quer que seja. Se nós acidentalmente emergimos de matéria inumana, então não temos mais "significado" do que a efervescência aleatória de uma lata de refrigerante.

O relato bíblico sobre a origem dos seres humanos é cheio de significado e propósito para nós. Ele começa com a narrativa da criação. Em cinco dias Deus cria o mundo e os seres viventes que escolheu para habitar este mundo, e o clímax é a criação dos seres humanos. Durante os cinco primeiros dias, Deus simplesmente fala e cria, mas o sexto dia é diferente. No sexto dia, Deus delibera consigo mesmo. Ele diz: "Façamos o homem à nossa imagem" (Gênesis 1:26).*

Descobrimos rapidamente que ser "à imagem de Deus" significa (no mínimo) que o homem e a mulher terão responsabilidades atribuídas por Deus. As outras criaturas viventes que Deus criou receberam a ordem de serem férteis e se multiplicarem, mas não têm uma responsabilidade moral a ser obedecida. O que Deus lhes ordenar, elas farão.

Adão e Eva também recebem a ordem de serem férteis e se multiplicarem. Diferentemente das demais criaturas viventes, contudo, eles têm a ordem de dominar a terra. Eles devem governar, em outras palavras, como "pequenos senhores" debaixo do senhorio soberano do Deus que os criou. Essa ordem foi dada apenas aos seres humanos.

Adão e Eva também receberam uma ordem negativa. Eles deveriam governar sobre as outras criaturas que Deus criara e dominar a terra. Porém havia uma coisa — uma árvore — que não deveriam tocar. Em outras palavras, Deus definiu o governo deles sobre a terra de modo que reconhecessem que o próprio Deus é o verdadeiro soberano. Ele escolheu uma árvore sobre a qual não podiam governar ou que não podiam subjugar e da qual não deviam comer (Gênesis 2:16-17).

Se Adão e Eva tivessem obedecido às ordens de Deus, mais tarde poderiam participar da vida eterna (Gênesis 3:24). No entanto, Eva

---

* Essa deliberação de Deus consigo mesmo, como encontramos no Novo Testamento, é uma deliberação *triúna* entre Pai, Filho e Espírito Santo.

— e também Adão, com ela (Gênesis 3:6) — foi tentada por Satanás. Ambos sucumbiram à tentação de comer da árvore que Deus estabelecera como proibida. Eles mesmos tomaram a decisão (2Coríntios 11:3), imaginando que realmente tinham o controle de todo o jardim. Deus lhes dera o domínio sobre tudo, exceto sobre aquela árvore. Satanás os convenceu de que Deus estava errado e que a árvore seria útil para eles. Então comeram.

Quando Adão e Eva comeram da árvore proibida, tudo naquele jardim "muito bom", no qual Deus os colocara, começou a desmoronar. Pela primeira vez, Adão e Eva sentiram vergonha e se cobriram. Não podiam mais viver no jardim completamente abertos um para o outro. Tiveram de se ocultar um do outro.

Pior ainda, quando Deus veio ao jardim depois de terem pecado, eles o ouviram e tentaram se esconder dele. Pensavam que poderiam ir a um lugar em que Deus não pudesse achá-los.

O que aconteceu depois que Adão e Eva violaram a ordem de Deus abrange o restante da história da humanidade. Como seu pecado foi uma tentativa de usurpar a autoridade de Deus, ele teve de puni-los. A serpente, como veículo da tentação satânica, foi punida. Eva foi punida com a dor do parto e com conflito em seu relacionamento com Adão (Gênesis 3:16). Adão foi punido com a promessa de trabalho difícil e sofrido. A terra, que ele e Eva deveriam dominar antes de seu pecado, agora iria lutar contra eles. Quando Adão caiu, o restante da criação caiu também (cf. Romanos 8:19-22).

Daquele momento em diante, começando com Caim e Abel, todas as pessoas nascem em pecado. Adão foi designado como representante de todos os seres humanos, seu pecado foi creditado a toda humanidade depois dele. O violento pecado de Caim contra o próprio irmão é só o começo de uma raça humana decaída que estará em oposição perpétua ao seu Criador. Qualquer análise da humanidade em qualquer momento da história prova a universalidade do pecado.

Deus deu a vida como um presente a Adão. Ele soprou a vida nele (Gênesis 2:7) e então criou Eva a partir de sua própria essência. Ambos foram criados para viver.

Contudo, como Deus lhes prometera (Gênesis 2:17), sua desobediência trouxe morte certa. A punição pela rebelião contra o Gracioso Doador da Vida foi a retirada da própria vida. A existência continuaria, mas a verdadeira vida que Deus deu a Adão e Eva de modo que pudessem ter comunhão perfeita com ele evaporou no dia em que comeram da árvore proibida.

Labuta, dor, maldição e caos tornaram-se o modo de vida "normal" após o pecado destruir a bondade do jardim de Deus. Desde a rebelião traiçoeira deles, ninguém é bom; ninguém é justo. Todos estão debaixo da maldição que Adão trouxe à humanidade (veja Romanos 3:9-18).

Quando Louis Zamperini quis suprimir as palavras do sermão de Billy Graham, tentou convencer a si mesmo repetindo: *"Eu sou um homem bom. Eu sou um homem bom."* Mas ele sabia, lá no fundo, que na verdade não era um homem bom. Ninguém é bom aos olhos de Deus. Podemos tentar nos convencer de que somos bons em comparação a outra pessoa. Na realidade, nós não pecamos contra "outra pessoa". Nosso pecado é contra Deus, e contra ele somente (Salmos 51:4). Quando nos comparamos a ele, falhamos constante, completa e miseravelmente.

A queda de Adão e Eva foi consequência de apenas uma ação pecaminosa, mas uma ação pecaminosa continua sendo pecado, e é traiçoeira. O pecado desafia Aquele que nos fez e cujo caráter deveríamos espelhar. Como nos faz lembrar a Bíblia, "Pois quem obedece a toda a Lei, mas tropeça em apenas um ponto, torna-se culpado de quebrá-la inteiramente" (Tiago 2:10). O pecado é uma violação do caráter de Deus. E quando seu caráter é violado, estamos diante dele como rebeldes culpados.

Zamperini sabia que havia se rebelado contra Deus. Lá no fundo, todos nós sabemos disso (Romanos 1:32). Sabemos que não somos capazes de alcançar o padrão perfeito de Deus. Como Zamperini, muitos ainda se convencem de que são, essencialmente, pessoas boas. Claro que houve alguns "erros", mas sempre há alguém mais "errado" do que nós. Além disso, dizemos a nós mesmos, veja quanta coisa "boa" fizemos!

O pecado é universal. Todos nós somos atormentados por ele. Em vez de tentar ignorar essa verdade fingindo que de alguma maneira somos "suficientemente bons" para Deus, as boas notícias de salvação começam quando reconhecemos e admitimos as más notícias do nosso pecado e da nossa depravação. Precisamos reconhecer que, apesar do que talvez queiramos pensar a nosso respeito, na verdade não somos nem um pouco bons. Somos, efetivamente, escravos do nosso próprio pecado (Romanos 6:16). Nós nos rebelamos contra Deus e seu caráter todos os dias. Em vez de fazer tudo para a sua glória, buscamos nossa própria glória. Precisamos ser libertos. Precisamos de salvação.

O primeiro motivo pelo qual deveríamos crer na salvação é que todos nós precisamos dela. A salvação não se destina aos que são realmente perversos, ou para aqueles que em nossa opinião são piores do que nós. Assim como com Adão e Eva, um pecado traz a morte como sua punição correspondente. Diferentemente de Adão e Eva, não apenas cometemos o pecado, mas o pecado se espalhou a partir deles até nós. Como a Bíblia diz, "uma só transgressão resultou na condenação de todos os homens" (Romanos 5:16). Da perspectiva de Deus, que é a perspectiva correta, somos rebeldes contra ele. Precisamos ser salvos de nós mesmos.

O projeto divino

Quando reconhecemos que o pecado é universal, que ele continua em cada indivíduo desde o momento de sua concepção (Salmos

51:5) — e que é individual, que me atormenta e escraviza —, começamos a entender o que Jesus quis dizer com "salvação".

Visto que o pecado é rebelião contra um Deus santo, é impossível que um Deus tão bom e santo ignore essa rebelião. Como ele é santo, precisa punir todas as violações de seu caráter.

Esse conceito de Deus vai contra noções mais "populares" a seu respeito. Em geral, as pessoas pensam que o amor de Deus supera todo o resto. Ele não se incomoda com nossa rebelião. Outros imaginam que a tarefa básica de Deus é nos perdoar, não importa qual seja nossa atitude em relação a ele.

Precisamos reconhecer quem Deus é, não quem queremos que ele seja. Precisamos conhecê-lo de acordo com o que ele *diz* que é e faz. Deus afirma que "aquele que pecar é que morrerá" (Ezequiel 18:20). Afirma que "o salário do pecado é a morte" (Romanos 6:23), e que a morte que o pecado produz não é apenas a morte física, mas o castigo eterno (veja Apocalipse 20:14, por exemplo). O Senhor é santo demais para permitir o pecado em sua presença eterna. Ele não pode ignorar ou tolerar o pecado (Habacuque 1:13).

Uma analogia pode ajudar. Imagine que você tem um inimigo mortal, cujo objetivo de vida é se opor e lutar contra tudo o que você é e defende. Ele se opõe veementemente a tudo o que é caro a você. Sua disposição contra você inclui a determinação de lutar contra tudo o que você ama. Agora suponha que esse inimigo afirme que sua responsabilidade é aceitá-lo como ele é, trazê-lo à sua casa e incluí-lo em todas as suas atividades.

Como você responderia a alguém assim? No mínimo, você deduziria que ele não está raciocinando direito. Ele não pode realmente imaginar que consegue se opor a você sempre e ainda esperar que você o inclua em sua vida.

Agora imagine que Deus — o único que é digno de louvor e que deve ser honrado por todas as suas criaturas humanas — simplesmente decida trazer todos aqueles que se opõem a ele à sua presença, onde podem se opor com mais vigor ainda. A própria presença deles é uma violação de seu caráter, porque significa pecado e rebeldia na presença da perfeita bondade e santidade. Será que Deus deve tolerar essa rebeldia? Será que deve se dobrar aos nossos desejos?

Quando Moisés e Isaías (para usar apenas dois exemplos) se veem na presença de Deus, sentem-se com medo e despreparados (veja Êxodo 3:6 Isaías 6:5). Eles reconhecem que não são dignos de estar na presença de Deus porque estão condenados à vista dele. A própria presença de Deus requer que nós, e não Deus, ajamos de maneira diferente.

Porém nossa condição pecaminosa e rebelde não precisa ser o fim da história. Mesmo sendo aqueles que desafiaram a boa criação de Deus, ele graciosamente ofereceu uma maneira de voltar a ele. Deus nos dá um indício desse "caminho de volta para ele" no momento em que o pecado entra no mundo. Ele diz à serpente: "Porei inimizade entre você e a mulher, entre a sua descendência e o descendente dela; este lhe ferirá a cabeça e você lhe ferirá o calcanhar" (Gênesis 3:15). Deus declara que haverá animosidade e antagonismo entre o descendente da serpente (Satanás) e o descendente da mulher. O descendente da serpente (Satanás) atingirá o calcanhar do descendente da mulher. Em outras palavras, alguém que é descendente da mulher será ferido. A boa notícia é que esse descendente esmagará a cabeça da serpente. Ou seja, o descendente da mulher destruirá o descendente da serpente.

Depois de pronunciar essas maldições sobre a serpente, a mulher e o homem, Deus "fez roupas de pele e com elas vestiu Adão e sua mulher" (Gênesis 3:21). Isso pode parecer um mero gesto de gentileza, mas é muito mais do que isso. Adão e Eva já haviam feito coberturas para si, costurando folhas de figueira (Gênesis 3:7). O processo de costurar as folhas indica que alcançam adequadamente seu objetivo. Eles não estavam mais expostos.

Por que, então, Deus fez vestimentas de pele para Adão e Eva, visto que já estavam cobertos? Essas vestimentas forneceram um indício do que Deus faria para resolver o problema do pecado que Adão trouxe ao mundo. Há dois aspectos na cobertura que Deus fez que nos ajudam a ver seu grande projeto de salvação diante do pecado.

1. Primeiro, o problema do pecado não podia ser "encoberto" com os esforços de Adão e Eva. Se tivessem de ser realmente cobertos, Deus os cobriria.

2. A cobertura que Deus providenciou, diferentemente da cobertura que Adão e Eva fizeram, exigiu um sacrifício que o próprio Deus iniciaria.

A cobertura de que Adão e Eva precisavam não era algo que eles fizessem, mas que Deus fez. Deus fez uma cobertura de pele animal, e não de folhas. Isso exigiu o sacrifício de um animal para cobri-los adequadamente, o que aponta para o fato de que se o pecado tiver de ser coberto, será preciso derramar sangue (Hebreus 9:22). Isto é, a morte que o pecado traz só pode ser coberta pela morte que o derramamento de sangue exige.

Esses dois aspectos fundamentais da atividade de Deus em relação a Adão e Eva se desenvolvem ao longo do relacionamento de Deus com a humanidade a partir desse momento. Vemos em Gênesis 4 que Abel traz um sacrifício aceitável ao Senhor; é um sacrifício que exigiu o derramamento de sangue. Porém o sacrifício de Caim consistiu dos "frutos da terra" (Gênesis 4:4) e não é aceitável para Deus. Aqui já começamos a ver que não é simplesmente *qualquer* sacrifício a Deus que resolverá o problema. O único sacrifício realmente capaz de cobrir nosso pecado é um sacrifício iniciado por Deus — que ele possa aceitar — e inclui o derramamento de sangue. O restante da Bíblia ilustra esses dois aspectos essenciais da salvação;

que Deus providenciará um sacrificio aceitável e que o pecado não pode ser coberto sem a morte que o derramamento de sangue exige.

Alguns acontecimentos na história bíblica demonstram isso de maneira mais clara. Em Gênesis 22, por exemplo, Deus pede que Abraão sacrifique seu único filho, Isaque (Gênesis 22:1-18). Assim Abraão leva Isaque ao monte Moriá a fim de sacrificá-lo a Deus. Até onde Abraão sabe, Deus requer o derramamento de sangue para cobrir seu pecado.

Nós sabemos (embora Abraão ainda não saiba) que Deus está fazendo isso para testar Abraão. Ele quer que Abraão demonstre sua leadade a ele. Abraão sabia que Deus havia prometido formar e abençoar uma nação por meio de Isaque e assim imaginou que Deus poderia ressuscitar seu filho dos mortos (Hebreus 11:17-19). Abraão prova sua obediência ao Senhor. Tão logo isso acontece, Deus o impede de prosseguir com o sacrifício de seu filho. Em vez disso, Deus providencia um animal, um carneiro, para que Abraão o sacrifique. Abraão dá àquele lugar o nome "O Senhor proverá" (Gênesis 22:14).

Com esse acontecimento começamos a ver com mais detalhes os dois aspectos do plano divino de salvação. Não só *Deus* precisa providenciar um sacrifício aceitável, e não só é necessário que haja derramamento de sangue (isto é, morte) para que o pecado seja devidamente coberto, mas vemos indícios, da perspectiva do Novo Testamento, de que esse derramamento de sangue precisa ser mais do que o derramamento de sangue de animais. Para que o pecado humano seja coberto, é necessário que haja derramamento do sangue humano — alguém deve morrer — e deve ser aceitável a e providenciado pelo próprio Deus.

Determinação divina

Agora podemos ver que o ser humano, que fora criado à imagem de Deus, rebela-se contra o Deus que o criou e à imagem de quem deveria ser. Essa rebelião desfigura e distorce a imagem de Deus. Ela tira a glória do Senhor que deveria ser "refletida" pelas pessoas feitas à sua imagem. Desse modo, Deus deve castigar o pecado. Se ele não o castigasse, não seria santo. E se o Senhor não fosse santo, não seria Deus.

A boa notícia é que a atitude de Deus para com o pecado não se limita a puni-lo. Deus também decide cobrir o pecado que trouxemos ao mundo. Essa cobertura exige derramamento de sangue, exige morte. Mais especificamente, exige derramamento de sangue em um sacrifício que seja aceitável a Deus.

Como uma pessoa pecadora pode oferecer um sacrifício perfeitamente aceitável a Deus? A resposta é que nenhum simples ser humano é capaz de oferecer um sacrifício assim. Por que, então, Deus exige que seu povo no Antigo Testamento ofereça sacrifícios? O autor do livro de Hebreus nos dá uma resposta a essa pergunta.

> No entanto, somente o sumo sacerdote entrava no Santo dos Santos, apenas uma vez por ano, e nunca sem apresentar o sangue do sacrifício que ele oferecia por si mesmo e pelos pecados que o povo havia cometido por ignorância[...]. Isso é uma ilustração para os nossos dias, indicando que as ofertas e os sacrifícios oferecidos não podiam dar ao adorador uma consciência perfeitamente limpa. Eram apenas prescrições que tratavam de comida e bebida e de várias cerimônias de purificação com água; essas ordenanças exteriores foram impostas até o tempo da nova ordem (Hebreus 9:7, 9-10).

O propósito do ritual do sumo sacerdote no Antigo Testamento não era remover a culpa do pecado. Esse ritual era externo, e seria temporário. Ele dirigia a atenção do povo de Deus para o sacrifício real, que não seria temporário, mas eterno.

> Quando Cristo veio como sumo sacerdote dos benefícios agora presentes, ele adentrou o maior e mais perfeito tabernáculo, não

feito pelo homem, isto é, não pertencente a esta criação. Não por meio de sangue de bodes e novilhos, mas pelo seu próprio sangue, ele entrou no Santo dos Santos, de uma vez por todas, e obteve eterna redenção (Hebreus 9:11-12).

Cristo adentrou o tabernáculo perfeito, isto é, a santa presença de Deus. Ele não adentrou a presença de Deus por meio do sangue de bodes e novilhos. O sangue de animais não era suficiente para adentrar a glória da presença de Deus. Como o Deus-Homem, ele só poderia entrar por intermédio do próprio sangue.

> Pois Cristo não entrou em santuário feito por homens, uma simples representação do verdadeiro; ele entrou nos céus, para agora se apresentar diante de Deus em nosso favor; não, porém, para se oferecer repetidas vezes, à semelhança do sumo sacerdote que entra no Lugar Santíssimo todos os anos, com sangue alheio. Se assim fosse, Cristo precisaria sofrer muitas vezes, desde o começo do mundo. Mas agora ele apareceu uma vez por todas no fim dos tempos, para aniquilar o pecado mediante o sacrifício de si mesmo (Hebreus 9:24-26).

O que a carta de Hebreus nos diz leva-nos à gloriosa conclusão do que vimos no Antigo Testamento. Deus sacrificou animais para cobrir Adão e Eva. Abraão recebeu ordem de sacrificar o próprio filho. Ele foi impedido, no momento em que iria fazê-lo, e lembrado de que Deus providenciaria o sacrifício necessário para cobrir pecados. Esse sacrifício, como vemos agora, é Deus encarnado, Jesus Cristo, o filho de Deus.

É por isso que as celebrações de Natal e Páscoa são tão importantes. Na verdade, elas deveriam ser consideradas uma única celebração, e não duas. A vinda de Cristo sem a ressurreição não vence o pecado. A ressurreição sem o sacrifício perfeito do próprio filho encarnado de Deus não é aceitável. É preciso haver derramamento de sangue.

O Natal não tem nada a ver com renas e um elfo idoso e alegre. O Natal é sobre Jesus. A vinda de Cristo foi o cumprimento de toda a história, desde aquele dia fatídico em que nossos primeiros pais decidiram se rebelar contra seu Criador e comeram o fruto que ele proibira. O foco do Natal deve começar aqui:

> Mas, depois de ter pensado nisso, apareceu-lhe um anjo do Senhor em sonho e disse: "José, filho de Davi, não tema receber Maria como sua esposa, pois o que nela foi gerado procede do Espírito Santo. Ela dará à luz um filho, e você deverá dar-lhe o nome de Jesus, porque ele salvará o seu povo dos seus pecados." Tudo isso aconteceu para que se cumprisse o que o Senhor dissera pelo profeta: "A virgem ficará grávida e dará à luz um filho, e o chamarão Emanuel", que significa "Deus conosco" (Mateus 1:20-23).

O Natal celebra o Deus conosco. O modo como Deus nos deu sua presença foi Deus Filho tornando-se um de nós. Embora continuasse sendo Deus, ele se tornaria homem.

O Filho de Deus tornou-se homem para identificar-se conosco. Nesse sentido, ele foi como Adão. Como homem, aprendeu o que significa obedecer a Deus (Hebreus 5:8). Diferentemente de Adão, ele obedeceu perfeitamente. Veio fazer o que Adão não pôde fazer. Esse é um dos motivos pelos quais as Escrituras o chamam de "o último Adão" (1Coríntios 15:45).

Não só o último Adão, o Filho de Deus, obedeceu ao longo de toda a sua vida; sua obediência não poderia terminar ali. Porque Adão trouxe morte a um mundo que estava cheio de vida, o último Adão devia derrotar a pena de morte que o pecado requeria. Ele precisava vencer a morte que a rebelião merece. Assim, dizem as Escrituras sobre Cristo: "e, sendo encontrando em forma humana, humilhou-se a si mesmo e foi obediente até a morte, e morte de cruz" (Filipenses 2:8). Ele teve uma vida perfeita; e passou por uma morte perfeitamente obediente. Ao fazê-lo, trouxe vida — ele era a vida (João 14:6) — a um mundo cheio de morte.

O sacrifício que Deus exige agora foi satisfeito no Filho. Foi satisfeito porque Deus o providenciou. Ele o preparou em seu Filho. E foi satisfeito porque o sacrifício que Deus providenciou foi um sacrifício perfeito. Um sacrifício perfeito é algo que nenhum ser humano pode oferecer, mas Cristo não foi somente um ser humano; ele era o Deus-Homem, Deus conosco. Ele somente era capaz de cumprir o que nós não pudemos a fim de oferecer uma solução ao problema que nós mesmos perpetuamos no mundo.

Resposta

A pergunta que deveria vir à nossa mente a esta altura é: "E daí?". Vimos quem Deus é, quem somos como pecadores rebeldes e o que Deus fez em relação ao nosso pecado. Será que esses são apenas fatos interessantes sobre os quais podemos pensar, ou que talvez dependam de nossa aprovação?

O fato é que, a menos que respondamos adequadamente ao que Deus fez, continuaremos em nossos pecados e sofreremos o castigo merecido, que é a morte eterna (Romanos 6:23). O que Deus é e o que Cristo fez precisa ser aplicado a nós para que seja efetivo em e por nós.

O apóstolo Paulo e seu companheiro de viagem, Silas, estavam na prisão por pregarem o evangelho. Uma noite houve um terremoto, que abriu as portas da prisão. O homem que estava encarregado de guardar os prisioneiros queria se matar, pois temia que seus prisioneiros tivessem fugido, o que exigiria que seus superiores o matassem. Paulo disse-lhe que parasse, pois todos os prisioneiros continuavam atrás das grades.

Em vista disso, o carcereiro perguntou a Paulo e Silas: "'Senhores, o que devo fazer para ser salvo?' Eles responderam: 'Creia no Senhor Jesus, e serão salvos, você e os de sua casa'" (Atos 16:25-31).

Para que a salvação que Deus nos providenciou seja aplicada, precisamos crer no Senhor Jesus Cristo. Crer em Jesus não significa simplesmente acreditar em todas as coisas que discutimos neste capítulo. Também significa isso, mas muito mais.

Significa que devemos confiar em Jesus, reconhecer e admitir que somos rebeldes, que pecamos contra Deus e seu caráter. Significa admitir, como Louie Zamperini, que não somos bons, somos perversos e obstinados em relação ao Deus que nos fez e que ofereceu a salvação.

Quando confiamos em Jesus, colocamo-nos — nossa vida, todos os dias — em suas mãos. Dizemos a ele: "Eu renuncio ao meu pecado. Arrependo-me de minha rebeldia contra ti. Decido seguir-te, e sei que somente tu me salvaste de meus pecados." Quando dizemos isso, abrimos nossa Bíblia e começamos a segui-lo de acordo com o que ele disse. Encontramos uma igreja que prega seu evangelho de modo que possamos crescer em nossa fé com outros cristãos. Esse é o estilo de vida daqueles que têm salvação, que foram salvos de seu pecado. Quando respondemos dessa maneira, isso significa que fomos mudados pelo próprio Deus. Ele nos transporta da escuridão do nosso pecado para a luz de sua gloriosa graça. Como o cego que Jesus curou, começamos a ver as coisas corretamente pela primeira vez. Vemos o mundo como o mundo de Deus, a nós mesmos como suas criaturas dispostas e dependentes, e vemos Cristo, nosso Salvador, como o único capaz de nos livrar do perigo eterno.

Conclusão

Cremos na salvação porque sem ela perecemos. Não cremos na salvação porque alguém inventou um jeito de fingir que somos aceitáveis para Deus. Na verdade, nenhuma outra religião do mundo sequer chega perto de reconhecer as verdades que discutimos neste capítulo. Todas as outras religiões giram em torno da capacidade dos seres humanos de chegarem ao lugar "certo", seja merecendo-o com uma vida "boa", seja voltando-se para as coisas certas, seja deixando-se levar. Nenhum desses métodos é capaz de cobrir nosso pecado de rebeldia contra um Deus santo.

A salvação oferecida no cristianismo não é nem um pouco como outras religiões. "Todavia, como está escrito: 'Olho nenhum viu, ouvido nenhum ouviu, mente nenhuma imaginou o que Deus preparou para aqueles que o amam'; mas Deus o revelou a nós por meio do Espírito." (1Coríntios 2:9-10) Olho nenhum viu, ou ouvido nenhum ouviu que a salvação vem somente por intermédio de Cristo. E podemos entender essa salvação somente porque Deus a revelou a nós em sua Palavra e por seu Espírito.

Louie Zamperini tinha muitas razões para viver sua existência como uma vítima torturada e amarga. Sua busca pelo ouro olímpico foi interrompida. Ele foi abandonado no mar, espancado e torturado pelo inimigo, e experimentou coisas às quais poucos seres humanos conseguem sobreviver. Segundo Laura Hillenbrand, contudo, depois de se converter, Louie "continuou sendo contagiante e incorrigivelmente feliz. Uma vez contou a um amigo que a última vez em que se lembrava de sentir raiva havia sido cerca de quarenta anos antes".* Quando Deus alcança e transforma um coração humano, a vida muda radicalmente. É isso que a salvação faz, e é por isso que to-

---

* Hillenbrand, *Unbroken*, Kindle, 6137–138.

dos nós precisamos desesperadamente dela. Cremos na salvação que Deus providenciou e nos oferece, porque sem ela não há esperança.

Sem essa salvação, só nos esperam o castigo e a dor. Com Cristo como nosso salvador, podemos aguardar com expectativa a eliminação completa de toda dor e sofrimento. Como diz o apóstolo João, "Então vi novos céus e nova terra, pois o primeiro céu e a primeira terra tinham passado; e o mar já não existia. Vi a Cidade Santa, a nova Jerusalém, que descia dos céus, da parte de Deus, preparada como uma noiva adornada para o seu marido. Ouvi uma forte voz que vinha do trono e dizia: 'Agora o tabernáculo de Deus está com os homens, com os quais ele viverá. Eles serão o seu povo; o próprio Deus estará com eles e será o seu Deus. Ele enxugará dos seus olhos toda lágrima. Não haverá mais morte, nem tristeza, nem choro, nem dor, pois a antiga ordem já passou'" (Apocalipse 21:1-4).

A salvação oferece esperança verdadeira para hoje e verdadeiro descanso para a eternidade. Ignorar uma oferta tão graciosa, que somente Deus pode dar, é o cúmulo da tolice humana.

Perguntas para reflexão

1. Como seria Deus se ele não punisse o pecado?

2. Porque a morte é *merecida* por aqueles que pecam?

3. Qual é a diferença entre apenas *crer* em Jesus e *confiar* nele?

4. Dê algumas razões pelas quais alguém não quer confiar em Jesus e ser salvo de seus pecados.

Leituras recomendadas

Piper, John. *Finalmente vivos* (São José dos Campos: Fiel, 2011).

Sproul, R. C. *O que é Fé? Perguntas cruciais.* (São José dos Campos: Fiel, 2013).

Sproul, R. C. *Posso saber se sou salvo?* (São José dos Campos: Fiel, 2013).

Oliphint, K. Scott; Sinclair B. Ferguson. *If I Should Die Before I Wake: What's Beyond This Life?* [Se eu morrer antes de acordar: o que existe além desta vida?] (Fearn: Christian Focus, 2005).

Capítulo 7
Por que crer na vida após a morte?

Se você verificar praticamente todas as pesquisas sobre vida após a morte, verá que a grande maioria das pessoas acredita em vida depois de morrer. Uma recente pesquisa da CBS perguntou a mais de mil adultos nos Estados Unidos se acreditavam na vida após a morte. Três de cada quatro norte-americanos acreditam na existência de céu e inferno. Quando perguntados onde achavam que passariam a vida depois de morrer, 82% acreditavam que iriam passá-la no céu.*

Diante dessas estatísticas, parece que não há necessidade de um capítulo sobre a vida após a morte. Afinal, se 75% dos norte-americanos acreditam nela e 82% imaginam que passarão a eternidade no céu, por que se incomodar e perguntar "por quê"?

O motivo pelo qual vale a pena se incomodar é que essas pesquisas nunca chegam a fazer a pergunta "por quê". Essa é uma omissão significativa. Se três entre quatro de nós acreditam numa vida depois da morte, não seria útil saber por que a maioria de nós crê nisso? Se considerarmos o quanto é difícil conseguir com que 75% de uma

---

* A pesquisa está disponível em <http://www.cbsnews.com/news/cbs-news-poll-americans-views-on-death/>.

população concorde sobre qualquer coisa, uma concordância como essa certamente deveria ser investigada.

À luz desse consenso esmagador, os livros sobre pessoas que alegam ter passado por experiências do céu são muito populares. *O céu é de verdade: o impressionante relato do menino que foi ao céu e voltou para contar*, de Todd Burpo e Lynn Vincent, ficou no topo da lista dos livros mais vendidos nos Estados Unidos e depois transformado em filme. Livros como *Uma prova do céu — a jornada de um neurocirurgião à vida após a morte*, de Eben Alexander, *Fui ao céu e voltei — a história real da caminhada extraordinária de uma médica junto a Deus*, de Mary Neal, e *90 minutos no céu: uma história real de morte e vida* de Don Piper venderam muito. Até o momento, somente Alex Malarkey, autor de *O menino que voltou do céu*, admitiu que sua história é fictícia e por isso o livro foi recolhido.

O que torna esses livros tão populares? Será o fato de tantas pessoas já acreditarem numa vida depois da morte? Ou será porque tanta gente que acredita em vida após a morte procura razões para sua crença? Minha suspeita é que muitos daqueles que afirmam algum tipo de existência após a morte estão procurando evidências para essa crença. Jeffrey Long, um médico, decidiu procurar evidências empíricas para a vida após a morte, e alega ter encontrado. Seu livro *Evidências da vida após a morte* ficou muito tempo na lista dos mais vendidos do New York Times em 2010.

Mesmo com esse consenso esmagador, sempre houve alguns que preferem argumentar que a morte é o fim de tudo. Quando o falecido Christopher Hitchens, o brilhante escritor e ateu, descobriu que tinha câncer terminal, sua avalição da morte foi simplesmente: "Olá, escuridão, minha velha amiga."* Fiel às crenças que escolheu,

---

* Christopher Hitchens, *Mortality* (Boston: Twelve, 2014), 14 [edição em português: *Mortalidade* (Portugal: Dom Quixote, 2013)].

Hitches estava convencido de que a única coisa que resta após a morte é a escuridão. Mas por que muitos funerais incluem "*The Sound of Silence*" na sua liturgia? Hitchens representa somente 25% da população. Para os demais, cremos que há luz, e não escuridão, no final do túnel da vida.

Razões

A pergunta "por que" está quase ausente das discussões de nossa popular crença na vida depois da morte. Todos nós admitimos que, na verdade, não existem evidências atuais da vida após a morte. Mesmo Jeffrey Long, em seu livro, teve de admitir que a "evidência" empírica que conseguiu obter não era uma prova da vida após a morte, e sim experiências de muitas pessoas que estiveram "quase mortas". Para ele, tantas experiências de "quase morte" eram suficientes para convencê-lo de que deve haver vida depois da morte. Mas isso parece ser um salto substancial. Uma experiência de pessoas que estão quase mortas, mesmo se houver milhares delas e muito semelhantes, não nos diz nada sobre o que acontece depois que todos morrermos. Ela só nos diz o que pacientes que "quase morreram" experimentaram. Se não há provas, por que as pessoas continuam crendo na vida depois da morte?

Na verdade, há uma tradição incrivelmente longa e influente no Ocidente para cremos na vida depois da morte. Duas tradições instilaram na cultura ocidental a noção de vida depois da morte. A primeira tradição é o cristianismo. Discutiremos isso daqui a pouco.

Porém grande parte da crença geral da vida depois da morte remonta à filosofia grega. Essa filosofia tinha uma tradição segundo a qual não haveria vida depois da morte. Quando o corpo morre, pensavam alguns, a pessoa morre e nada resta dela.* No entanto, havia outra tradição mais forte, segundo a qual todos deveríamos crer em alma imortal. Esse ponto de vista tem sido predominante há milênios.

Mesmo que o nome Platão seja desconhecido para nós, muito do que ele e a tradição filosófica grega ensinaram foi adotado e filtrado até nós ao longo de centenas de anos. Foi a filosofia grega que tornou famosa e familiar a noção de "alma".

Problemas com pessoas

A filosofia grega partia do pressuposto de que há algum aspecto "animador", ou vivificante, nos seres humanos. Platão ensinou que esse aspecto — a alma — é imortal. Ele ensinava que as almas existiam antes de seus corpos, em seguida habitavam um corpo na história, e depois continuavam existindo após o corpo morrer. A noção da preexistência da alma raramente é discutida. Porém a ideia de que existe uma alma, e que ela continua depois de morrermos, ainda é o pensamento da maioria das pessoas no Ocidente.

Mesmo que nunca tenhamos lido ou ouvido sobre filosofia grega, mesmo que não tenhamos tempo para discussões filosóficas, a maioria de nós reconhece que há alguma coisa em cada pessoa significativamente distinta da sua aparência física. Os filósofos gastaram litros de tinta tentando descobrir exatamente o que permanece, caso nossa vida siga adiante depois da morte. Por causa de seu compromisso com o naturalismo (isto é, a ideia de que a natureza é tudo o que existe), é claro que alguns filósofos dizem que nada continua depois da morte. David Hume, o naturalista empírico que mencionamos no

---

* Filósofos como Demócrito e Lêucipo (ambos do quinto século a.C.) defendiam esse ponto de vista. Acreditavam que o corpo e a pessoa (o cérebro) eram uma coisa só. Quando o corpo morria, a pessoa deixaria de existir.

capítulo 4, foi obrigado a concluir que seres humanos são apenas um "feixe de ideias" que morrem quando o corpo morre.

Em razão da influência de Platão e outros, contudo, muitos filósofos acreditavam que os seres humanos são uma dualidade de corpo e alma (ou corpo e mente). Por vários motivos, porém, tem sido terrivelmente difícil provar esse ponto de vista. O primeiro é que essa filosofia, de modo geral, começa seu discurso pressupondo que pode, por si, definir corretamente o que uma pessoa é. Mas já sabemos que isso é muito difícil.

Alguns quiseram fazer uma distinção entre um "ser humano", que seria puramente biológico; e uma "pessoa", definida em termos de "consciência". Nessa distinção há uma dualidade que é parte de nós — nosso lado biológico, que nos torna "seres humanos", e nosso lado psicológico, que nos torna "pessoas". No entanto, a filosofia não tem como explicar algo como a "consciência". Ela nunca foi capaz de provar que há pessoas cuja existência inclui algo além de seus aspectos físicos.

Mesmo sem provas ou argumentos finais, a maioria das pessoas ainda concorda que há vida após a morte. Portanto deve haver algo óbvio na crença de que, de algum modo, nossa existência é mais do que os nossos corpos. Porém o que é exatamente "mais do que"?

Alguma vez você já se perguntou como sabe, por exemplo, se seu irmão ou seu melhor amigo é a mesma pessoa agora que era dez anos atrás? Ou cinco anos atrás? Ou um ano atrás? O que nos faz ser a mesma pessoa, ainda que nosso corpo físico cresça e mude, às vezes drasticamente?

Alguns afirmaram que é nossa memória que nos mantém sendo a mesma pessoa. Mas o que acontece se perdermos a memória, ou se não lembrarmos "o suficiente" para continuar sendo a mesma pessoa? Quanta memória é necessária para nos manter como a mesma pessoa? Será que a devastação do mal de Alzheimer significa que passamos a ser, literalmente, outra pessoa?

Outros disseram que o que nos mantém como a mesma pessoa ao longo do tempo é a "continuidade da consciência". Porém o que isso significa, por exemplo, quando perdemos parte de nossa consciência ao dormir, ou se estivermos em coma? Isso significa que você passa a ser uma pessoa diferente quando sua consciência não é contínua? Até que ponto sua consciência precisa ser contínua para que você seja a mesma pessoa?

Para a maioria de nós essas perguntas não são preocupantes. Mesmo que não consigamos respondê-las, sabemos que somos a mesma pessoa que éramos décadas atrás, que nossos irmãos são as mesmas pessoas durante toda a sua vida, que nossos amigos de longa data não ficaram diferentes, nem se tornaram outras pessoas com o tempo. Quer os filósofos consigam ou não explicar a pessoalidade, sabemos que há uma continuidade nas pessoas ao longo do tempo.

O que precisamos reconhecer é que temos uma crença extremamente popular na realidade da vida após a morte, mesmo que ainda seja necessário apresentar uma razão adequada ou razoável para essa crença. Sabemos que somos pessoas, que somos mais do que apenas nossa parte física. Existe algo diferente do material que compõe nossa aparência física.

Uma das influências mais significativas para nossa crença na vida após a morte é o cristianismo. Já que, diferentemente da filosofia e da ciência, o cristianismo tem motivos para crer na vida depois da morte, esse é outro tópico que demonstra como só o cristianismo oferece a justificativa para o que cremos. Como justificamos a crença cristã na vida depois da morte?

Problemas com provas

Historicamente, um dos argumentos cristãos mais influentes para a vida após a morte veio da pena do bispo Joseph Butler (1692-1752). Butler escreveu um livro muito famoso, chamado *The Analo-*

gy of Religion [A analogia da religião]. O propósito do livro era tentar convencer os deístas* da época de Butler de que a religião não era somente natural, como pensavam os deístas, mas também sobrenatural. Butler queria que seus amigos deístas cressem em algum tipo de vida além da natural.

Sob vários aspectos o argumento de Butler é semelhante aos argumentos da filosofia. No primeiro capítulo de sua *Analogia*, denominado "Sobre uma vida futura", Butler afirma que todos reconhecemos que usamos nosso raciocínio e nossas faculdades perceptivas (o que ele chama de nossos "poderes vitais") nesta vida, ainda que não saibamos do que esses "poderes" dependem. O que Butler está dizendo é que nós todos usamos a razão e a percepção, mesmo ao longo de várias mudanças no tempo, ainda que não saibamos de onde vêm ou como nós as colocamos em prática. Por que deveríamos pensar que a morte as destruirá? Ele diz:

> Visto que não sabemos do que depende o exercício dos nossos poderes vitais, somos completamente ignorantes sobre do que dependem os próprios poderes; os poderes em si como distintos, não somente de seu exercício de fato, mas também da presente capacidade de exercitá-los e como opostos de sua destruição [...] Visto que não sabemos absolutamente do que depende a existência de nossos poderes vitais, isso demonstra também que não é possível calcular a probabilidade das razões das coisas e que a morte será sua destruição: porque sua existência pode depender de algo que de modo algum é afetado pela morte.**

---

* Os deístas da época de Butler dedicavam-se a uma religião da natureza. Eles não criam na necessidade das Escrituras para conhecer a Deus. Eles o conheciam "naturalmente", e não através do que Deus disse.
** Joseph Butler, *Analogy of Religion, Natural and Revealed, to the Constitution and Course of Nature* [Analogia entre a religião, natural e revelada, e a constituição e o curso da natureza] (New York: Harper, 1860), 94.

Em outras palavras, considerando que usamos nossa razão e nossos sentidos mesmo sem conhecer sua origem, não podemos também reconhecer que há uma grande probabilidade de que eles prossigam depois de nossa existência física terminar?

Butler afirma claramente que a "probabilidade é o verdadeiro guia da vida".* Nós usamos nossa razão agora e, portanto, deveríamos esperar usar nossa razão depois da morte.

Infelizmente, embora Butler tentasse fornecer razões cristãs para crer em vida futura, ele nunca foi capaz de ir além dos argumentos fracos e infundados que a filosofia tem apresentado há séculos. O que Butler queria fazer era dizer que, como reconhecemos algumas coisas que parecem ser as mesmas em nossa vida ao longo do tempo — coisas como nosso pensamento e nossa percepção — é provável que essas coisas continuem depois da morte.

Mas esse é um argumento sem base. Ele se fundamenta no que nós não sabemos, tentando ir do que não sabemos para algum tipo de probabilidade de que as coisas que não sabemos continuarão depois da morte. Assim, como vimos no capítulo 4, a noção de probabilidade não nos leva a lugar algum. Isso é ainda mais verdadeiro quando se admite, como fez Butler, que simplesmente não sabemos do que dependem nossas faculdades de raciocínio e percepção. Como pode ser provável que continuem após a morte se não temos ideia de como funcionam nesta vida?

Deve haver razões melhores para nossa crença no pós-vida do que aquilo que os filósofos e Butler nos oferecem.

Cristianismo e vida

A razão pela qual a maioria das pessoas acredita na vida após a morte pode ser a importância desse conceito nas discussões filosófi-

---

* Ibid., 84.

cas ocidentais. Ou pode ser um efeito colateral de certa proeminência do cristianismo na história do Ocidente. Somente a posição cristã é capaz de explicar o que significa ser uma pessoa e o que significa viver como uma pessoa. Já que a maioria crê em pós-vida, talvez seja uma boa ideia começar com essa crença quando falarmos com pessoas céticas quanto ao cristianismo.

Lembro-me de ter lido anos atrás o Manifesto Humanista II, escrito pelos agnósticos Paul Kurtz e Edwin Wilson. O propósito do manifesto era proclamar as crenças do humanismo. O manifesto declarava que "tanto promessas de salvação imortal quanto o medo da condenação eterna são ilusórios e nocivos". Ao contrário, afirmava, "a ciência afirma que a espécie humana emergiu de forças evolutivas naturais". Ele também declara que "não há evidências confiáveis de que a vida sobreviva à morte do corpo".

Para os humanistas a noção de vida após a morte é uma ilusão. Os seres humanos emergiram de forças naturais. Quando a vida humana termina na morte, não há nada depois. Tanto a origem quanto o destino, o começo e o fim de um ser humano, apontam para nada além de escuridão e vazio. Começamos com um conjunto aleatório de "forças" da natureza; não havia propósito para nossa existência; ela apenas aconteceu. Os seres humanos são um conjunto cósmico de acontecimentos aleatórios. Quando esse acidente humano morre, visto que veio do nada, absolutamente nada resta.

Ao ler esse manifesto, porém, esta linha saltou-me aos olhos: "A preciosidade e a dignidade do indivíduo é um valor humanista central."* Qualquer pessoa atenta ao que esse manifesto está tentando dizer ficará confusa com essa última afirmação. Como nossa vida é preciosa se é meramente acidental? O fato é que um ser humano não pode ter dignidade se for apenas um conjunto produzido casualmen-

---

* Essas citações estão disponíveis em <http://americanhumanist.org/Humanism/Humanist_Manifesto_II>.

te por materiais efêmeros em decomposição. Uma pessoa não teria mais "preciosidade e dignidade" do que uma pilha de lixo. Uma pilha de lixo é um conjunto de coisas materiais que se decompõem e no fim deixam de existir. Como um ser humano pode ser diferente disso, de acordo com o humanismo? Como associar "preciosidade e dignidade" a um monte de lixo?

O fato é que, se formos honestos do ponto de vista intelectual, isso não é possível. Preciosidade e dignidade são termos que apontam para além do material e acidental. Eles exigem que haja algo que seja honroso e digno de estima. Material que no fim se decompõe não é capaz de produzir dignidade. Só há uma maneira de atribuir dignidade a seres humanos. Eles precisam ser mais do que sua mera existência física.

Ao examinar os motivos pelos quais os cristãos acreditam em uma vida futura, começamos do início. Quando lemos sobre a atividade criadora de Deus em Gênesis 1 e 2, vemos que o clímax da criação foi a feitura do homem e da mulher à imagem de Deus. Durante cinco dias, Deus diz apenas: "Haja[...]", e houve. No entanto, no último dia, Deus se reúne consigo mesmo. Ao fazê-lo, ele destaca o fato de que aquilo que está prestes a criar é significativamente diferente do que ele estava criando. Essa diferença, como vemos em Gênesis, *não* é o material que Deus usou para criar Adão.

Como os animais, Adão foi formado "do pó da terra". Ele foi feito da mesma substância que os animais. A diferença para Adão (e, a partir dele, de Eva) — e essa é uma diferença notável e profunda — é que quando Deus formou Adão do pó da terra, "soprou em suas narinas o fôlego de vida" (Gênesis 2:7). Lemos também que, como não era bom para Adão ficar sozinho, Deus criou Eva a partir do homem, de modo que em sua criação ambos fossem feitos à imagem de Deus (veja Gênesis 1:27).

Deus criou Adão à sua imagem e, diferentemente do restante da criação, ele soprou em Adão o fôlego da vida. Os humanos carregam a imagem de Deus e receberam o fôlego de vida — que não foi dado a mais nada na criação.

No caso de Adão e Eva, a vida deles tinha um propósito. Diferentemente dos animais, a vida de Adão e Eva inclui um relacionamento especial com Deus e algumas responsabilidades que ele lhes deu no jardim. Eles deveriam cuidar do jardim para Deus e encarregar-se da sua organização diária. Deveriam trabalhar, abaixo de Deus, como seus servos e como senhores da criação (Gênesis 1:26). É isso que significa "à imagem de Deus". E deveriam ficar longe de uma árvore específica.

Se Adão e Eva tivessem obedecido ao mandamento de Deus para ficar longe da árvore proibida, teriam continuado vivendo para sempre no jardim, em perfeita companhia com Deus. Não haveria uma "vida depois da morte". Não haveria morte. A vida com propósito que tinham no início teria continuado com eles. Teriam sido férteis e se multiplicariam enquanto administravam o jardim — abaixo de Deus e na companhia dele. No entanto, eles não obedeceram a Deus, violaram suas ordens e se rebelaram contra o relacionamento vivo que ele havia estabelecido com eles.

O restante da Bíblia é uma descrição do que Deus faz por causa do pecado de Adão. A primeira coisa que ele faz é amaldiçoá-los com morte; a morte que havia prometido se comessem da árvore passa a ser realidade depois do pecado. Eles são pó, e ao pó voltarão (Gênesis 3:19). Mas a morte que Adão trouxe à criação não é a história toda. Deus oferece uma maneira para que a comunhão com ele continue. Descobrimos logo que o Senhor aceita a oferta de Abel, mas não a de Caim. Desde o início havia um meio, uma oferta, que Deus aceitaria graciosamente para que a comunhão viva com ele continuasse.

À medida que o restante das Escrituras se desenrola, começamos a ver que há aqueles que "andam com Deus", e que consequentemente vivem em comunhão com ele, até o final de sua vida aqui na terra (veja Gênesis 5:24, por exemplo). O ensino claro das Escrituras é que a vida soprada que Deus deu a Adão e Eva significa que as pessoas continuarão existindo além de sua vida terrena. Essa vida com objetivo, "à imagem de Deus", é uma existência que jamais terminará. Jesus deixa claro para os saduceus que quando Deus chama a si mesmo de Deus de Abraão, Isaque e Jacó, está se designando como o Deus daqueles que estão vivos, e não dos mortos (Lucas 20:37).

As Escrituras deixam claro que a "imagem de Deus" inclui uma vida com objetivo e um caráter com significado, distintos de qualquer outra coisa na crição. O que os distingue essencialmente é que isso implica um relacionamento com Deus pela eternidade, que culmina ou na companhia eterna de Deus ou no tormento eterno debaixo de sua ira. A diferença, como vimos antes, tem a ver com o nosso relacionamento com Jesus. Porém, em qualquer caso, os seres humanos continuam existindo além da morte. Ou existem eternamente com Cristo, debaixo da graça de Deus, ou existem eternamente em tormento, debaixo da ira de Deus. No momento em que começamos a existir, o "princípio vital" que nos torna "imagem de Deus" garante nossa existência eterna.

A pesquisa da CBS que mencionamos no início afirma que três quartos da população acreditam em céu e inferno. Portanto, até aqui grande parte do que dissemos já é afirmado pela maioria dos adultos. O que incomoda nessa pesquisa é que 82% desses adultos acreditam que passarão a eternidade no céu. Isso pode denunciar uma ignorância básica do caminho de salvação, que já abordamos. Se perguntássemos a esses 82% por que acreditam que irão para o céu, as respostas variariam significativamente. Sem as informações que temos nas Escrituras, é impossível ter uma explicação sólida e verdadeira para essa crença.

Ainda há dois pontos que precisamos reconhecer ao pensar por que cremos em vida depois da morte. Esses dois pontos não são tão conhecidos ou aceitos como a crença na vida após a morte. Entretanto, eles dão muito mais substância ao que os cristãos creem acerca da vida além do túmulo. O primeiro ponto está relacionado à nossa discussão original sobre a filosofia grega e sua concepção de imortalidade da alma.

Se houver oportunidade e o assunto surgir, pretendo fazer a seguinte pergunta a um grupo: "O que acontece com a alma de um cristão quando ele morre?" Em certo sentido a pergunta é uma pegadinha, porque seu objetivo é provocar uma resposta específica. De modo geral, a resposta será: "Ela vai para o céu." Então pergunto: "E o que é o 'ela' que vai para o céu?" Às vezes a resposta será "a alma".

No entanto, esse não é um quadro preciso da visão cristã sobre a vida após a morte. O quadro que a Bíblia nos dá não diz que ao morrermos alguma "coisa" de nós vai para o céu. Esse é o problema da visão grega de alma e sua imortalidade. Talvez haja muita influência grega no pensamento cristão quando se trata desses assuntos.

Ao contrário, quando morrermos *nós* estaremos com Cristo. Na carta que Paulo escreve aos filipenses da prisão, ele diz à igreja que possivelmente morrerá. E contrasta sua vida aqui com sua vida futura, caso morra. Ele o diz da seguinte maneira: "Desejo partir e estar com Cristo, o que é muito melhor; contudo, é mais necessário, por causa de vocês, que eu permaneça no corpo" (Filipenses 1:23-24). O contraste aqui está entre estar num lugar muito "melhor" "com Cristo" depois da morte, ou permanecer "no corpo" na terra. Paulo não diz que se morrer sua alma estará com Jesus, e sim que se morrer, estará num lugar muito melhor com Cristo do que se continuar vivendo no corpo na terra. A morte nos leva para um lugar melhor, mas também devemos ver que a morte separa o que inicialmente não deveria ser separado.

O quadro bíblico de nossa vida depois da morte não é simplesmente "uma alma" que vai para o céu. Ao contrário, precisamos lembrar que nossa separação de nosso corpo ao morrer é uma separação anormal. Ela é o resultado da entrada do pecado no mundo. Se Adão e Eva não tivessem pecado, não haveria morte e, consequentemente, nenhuma separação entre sua existência e sua existência física na terra.

Para o cristão, estar "com Cristo" depois da morte significa estar fora do corpo. No entanto, haverá um momento, no final dos tempos, em que receberemos corpos ressurretos. Como temos um "corpo natural", aqueles que morrem em Cristo receberão um "corpo espiritual" porque Jesus ressuscitou dos mortos (examinaremos isso melhor no próximo capítulo). Portanto, o período entre nossa morte e o final dos tempos geralmente é chamado de "estágio intermediário". Isso significa que mesmo que vivamos "com Cristo" depois de morrer, ainda não nos tornamos o que seremos por toda eternidade.

Em geral os quadros de vida após a morte incluem aspectos como por exemplo pessoas que se transformam em anjos, como Clarence no filme *A felicidade não se compra*. Imagens de pessoas com asas, tocando harpa nas nuvens são muito comuns nas descrições da vida após a morte. No entanto, a imagem bíblica é bem diferente.

Segundo a Bíblia, o céu não é nosso destino final. O lugar que os cristãos habitarão pela eternidade é chamado "novo céu e nova terra" (Apocalipse 21:1). Esse lugar será real, um lugar eterno, no qual os cristãos que já estavam num lugar "muito melhor" "com Cristo" finalmente estarão no melhor lugar possível para sempre! Naquele tempo, que é o fim de todos os tempos, "o tabernáculo de Deus [estará] com os homens, com os quais ele viverá" (Apocalipse 21:3, grifo nosso) — finalmente, inteiramente e completamente.

A triste e terrível verdade que também precisa ser reconhecida com essa verdade gloriosa é que aqueles que morrem em rebelião contra Deus experimentarão por toda eternidade a morte que Deus prometeu a Adão e Eva. A Bíblia chama essa morte que eles experimentarão de "segunda morte" (Apocalipse 20:14; 21:8). Nossa morte física não é o fim de nossa vida, e sim a punição universal pelo pecado de Adão. No entanto, a segunda morte aguarda aqueles que morrem em Adão, e não em Cristo. E essa segunda morte não é um fim, mas uma existência eterna. Continuamos existindo porque, como imagem de Deus, ele soprou essa existência em todos nós como filhos de Adão. A segunda morte é o castigo final e eterno do pecado. É nossa existência no "lago de fogo que arde com enxofre" (Apocalipse 21:8). É lugar que todos nós merecemos, visto que todos pecamos em Adão. É o lugar do qual só é possível escapar confiando em Jesus.

A existência depois da morte é um fato da vida. A maioria das pessoas crê nela. O único motivo para crer nela, porém, está na fé cristã. Porque Deus criou as pessoas à sua imagem e soprou sua vida nelas, nossa existência jamais acabará. Porém existência depois da morte é diferente de vida depois da morte. Vida após a morte só pode ser encontrada em Cristo. Sem Cristo, a existência depois de morrer, embora eterna, é chamada de "segunda morte". Sem essas verdades cristãs, a melhor resposta para a pergunta "por que" referente à vida após a morte é "porque sim".

Respostas

A primeira objeção à ideia de vida pós-morte é que não há provas reais para isso. Jeffrey Long tentou obter evidências, mas essas provas são apenas de experiências de quase morte, não de morte em si.

Contudo, existem evidências de que há vida depois da morte. Como dissemos nos capítulos anteriores, a Bíblia é um registro de acontecimentos históricos reais. Esses acontecimentos não ocorreram em algum canto obscuro e desconhecido. A Bíblia registra muitos fatos sobre a vida depois da morte, inclusive testemunhos de algumas pessoas que realmente viram alguém que morreu viver novamente (veja Marcos 9:2-8)! Dizer que não há provas de vida depois da morte é ignorar as provas que a Bíblia oferece e já ofereceu há milhares de anos, quase desde "o princípio". As objeções contra crenças como essa sempre vêm acompanhadas de um viés contrário à verdade que poderia responder a essa objeção. Isso não deve impedir os cristãos de responder à objeção. Na verdade, reconhecer esse viés pode nos ajudar a entender como responder da melhor forma com a verdade bíblica.

É somente o nosso status de "imagem de Deus" que sustenta nossa crença de que há mais para nós do que nosso corpo físico e que nós, como pessoas, existiremos pela eternidade. Entretanto, como a "imagem de Deus" está desfigurada pelos efeitos do pecado, nossa existência pode ser restaurada para a vida verdadeira novamente apenas se, pela fé, estivermos em Cristo. Sem isso, nossa existência eterna não será nada além de tormento. Há vida depois da morte. Verdadeira vida depois da morte só pode ser achada em Jesus, que morreu e agora vive para sempre.

Perguntas para reflexão

1. Que evidências existem de que as pessoas são mais do que apenas corpos materiais?

2. Por que é importante para nós receber novos corpos espirituais no final?

3. Por que a maioria das pessoas acredita que passará a vida depois da morte no céu?

Leitura recomendada

Hoekema, Anthony A. *A Bíblia e o futuro* (São Paulo: Cultura Cristã, 2013).

Oliphint, K. Scott; Sinclair B. Ferguson. *If I Should Die Before I Wake: What's Beyond This Life?* [Se eu morrer antes de acordar: o que há além dessa vida?] (Fern: Christian Focus, 2005).

Piper, John. *Graça Futura — O caminho para prevalecer sobre as promessas enganosas do pecado* (São Paulo: Shedd, 2009).

Sanders, John. *No Other Name: An Investigation into the Destiny of the Unevangelized* [Nenhum outro nome: uma investigação do destino das pessoas não evangelizadas] (Grand Rapids: Eerdmans, 1992).

Sproul, R. C. *Unseen Realities: Heaven, Hell, Angels, and Demons* [Realidades invisíveis: céu, inferno, anjos e demônios] (Fearn: Christian Focus, 2001).

Capítulo 8
Por que crer em Deus diante da ciência moderna?

Em geral fico espantado com o estilo de vida ocidental do século 21. Escrevo num pequeno computador que posso levar de um aposento a outro numa casa que tem vários aposentos com móveis, aquecimento e ar-condicionado. Quando faço uma pausa enquanto escrevo, vou à geladeira pegar alimentos para o almoço, ou à cafeteira para uma xícara de café fresco. Quando o sol desce, as luzes se acendem. Posso sintonizar as notícias do que está "acontecendo agora" ou assistir a um filme recente em minha sala de estar. Se fico doente, posso telefonar para meu médico ou dirigir até o hospital, onde receberei cuidados sem precedentes. Na hora de dormir, deito sobre um confortável colchão sem pragas, numa casa que tem clima controlado e tenho a oportunidade de dormir a noite toda.

Se nossa resposta a esse tipo de conforto é "E daí?", talvez tenhamos perdido a perspectiva correta. Um dos flagelos comuns da moderna sociedade ocidental é sua miopia extrema. O que quero dizer é que temos uma forte tendência, talvez inconsciente, de ver nossas circunstâncias atuais ou como as melhores que jamais tivemos ou como algo que sempre foi assim. De modo geral, quando consideramos nossas circunstâncias atuais, falta-nos um horizonte histórico para termos perspectiva.

Do ponto de vista da história da humanidade, porém, a maioria das coisas que fazemos em nosso dia a dia é absolutamente nova. Do ponto de vista da história do mundo, a grande maioria dos seres humanos jamais sonharia com os confortos e luxos de que usufruimos todos os dias. Por milhares e milhares de anos, os seres humanos tiveram de passar a maior parte de seu tempo trabalhando duro e por muitas horas para conseguir a própria comida, e tudo isso enquanto suportavam ou sucumbiam a muitas doenças e lutavam contra a dureza dos elementos e de seu ambiente. O grosso da humanidade teve de se concentrar em uma única preocupação para sobreviver dia após dia. Por milhares de anos, quando as pessoas oravam "O pão nosso de cada dia nos dá hoje", oravam com zelo e esperança sinceros de que a cada dia haveria provisão para suas necessidades básicas. A maioria de nós não precisa mais pensar em termos de "pão de cada dia".

Pode ser que raramente pensemos — se é que o fazemos — nessa comparação entre hoje e o passado. Temos a tendência de nos concentrar no "agora" da nossa vida e do nosso tempo de vida. Esse tipo de visão curta, que podemos chamar de miopia histórica, é prejudicial para nós por, no mínimo, duas razões.

Primeiro, toda vez que ignoramos qualquer coisa além de nossas circunstâncias, tendemos a pensar que o "agora" é normal. O imediato passa a ser o definitivo e absoluto. Há muitos problemas com esse modo de pensar. Perdemos qualquer tipo de perspectiva crítica sobre nossa maneira de pensar e modo de vida. Perdemos a capacidade de ver nossa vida, nossa cultura ou nosso "mundo" no contexto das circunstâncias e culturas do passado. As crianças reviram os olhos toda vez que seus pais dizem: "Quando eu era jovem, costumava..." Embora isso canse as crianças, os pais estão ensinando que o que existe "agora" não foi sempre a norma.

Como não sabemos como as coisas eram antes de nós, o que é normal muitas vezes se restringe a um período de tempo extremamente curto.

Em segundo lugar, quando perdemos a perspectiva histórica, tendemos a pensar que o novo é sempre melhor. A quantidade de tempo livre que os ocidentais têm hoje é muito além de qualquer coisa que se imaginasse há milhares de anos. Não precisamos mais trabalhar por longas horas na própria terra a fim de produzir nossa comida. Não precisamos construir as próprias casas ou cortar madeira para garantir calor suficiente no fogão. Do ponto de vista histórico, a maioria dos ocidentais tem uma vida luxuosa. Em certo sentido, hoje é melhor do que o passado.

No entanto, será que nossa situação atual é melhor do que o estilo de vida daqueles que viveram, digamos, no século 18? Algumas coisas obviamente são melhores. A medicina é melhor; a possibilidade de estarmos confortáveis em nossa casa é maior. Certamente prefiro escrever isso num computador, que perdoa meus erros — e portanto é mais eficiente — muito mais do que escrever numa máquina de escrever ou à mão!

Será que mais novo sempre é melhor? Se olharmos para o passado da humanidade, veremos que algumas das coisas que hoje desfrutamos criaram problemas novos e mais sérios. O acesso constante à Internet contribuiu para o surgimento do terrorismo global. Como seria difícil para aqueles que odeiam o Ocidente atacá-lo se não houvesse Internet, aviões, armas modernas e relatos na imprensa! Será que o aumento de "tempo livre" criou mais oportunidades para o crime? Será que a proliferação da pornografia contribuiu para uma visão vulgarizada e de mau gosto de mulheres e crianças? Será que ela contribuiu para a ruína das famílias?

O agora nem sempre é normal. O que é mais novo nem sempre é melhor.

Razões

O propósito do título deste capítulo é oferecer uma perspectiva histórica da relação entre ciência e cristianismo. Como o título sugere, estamos pensando no cristianismo e nossa crença nele à luz da ciência moderna. Podemos dizer que ciência moderna é, por definição, um fenômeno recente. A ciência moderna começou no século 19, quando foi definida e praticada de maneira radicalmente diferente da anterior. Até então a palavra "cientista" nem havia sido cunhada.

É este foco que nos dará dois motivos sólidos para crer no cristianismo diante da ciência moderna — o motivo histórico e o motivo fundamental. Essas duas razões estão intimamente associadas. Elas demonstram que "agora" nem sempre é normal e que mais novo não é sempre melhor. Primeiro, o motivo histórico.

Histórico

Em seu contexto histórico, de modo geral o relacionamento entre ciência e fé cristã tem sido harmônico e não hostil. Até o período moderno, a palavra "ciência" nem era usada da forma como a usamos hoje. A atividade de descobrir o funcionamento do mundo e seus benefícios era chamada "filosofia natural" (ou, às vezes, "teologia natural").

Dizem que o filósofo grego Tales (aprox. 624-546 a.C.) deu início à "ciência" quando predisse acertadamente um eclipse solar. Nessa previsão, Tales observava o movimento do céu e dos planetas e conseguiu calcular quando a Lua cobriria a luz do Sol. Isso, em qualquer definição, era o que hoje chamamos de "ciência", mas era praticado sob o nome de "filosofia natural".

A filosofia natural ocupava-se dos fenômenos da natureza. Era uma disciplina que tentava descobrir e usar as forças e leis da natureza para (1) compreender melhor como o mundo funciona e (2) melhorar a qualidade de vida das pessoas. Durante a maior parte da história do Ocidente, a ciência foi um empreendimento filosófico e/ou teológico, e seu objetivo era contribuir para nosso entendimento deste mundo.

Qualquer análise honesta da obra da "filosofia natural" ao longo de dois mil anos no Ocidente irá reconhecer que seu objetivo era unir os fenômenos do mundo com "A" coisa, ou ser, que pudesse explicar e justificar esses fenômenos. Em outras palavras, a "filosofia natural" intuitivamente reconhecia que devia haver alguma coisa responsável pela harmonia da natureza, algo que unia todas as peças diferentes. Na filosofia grega, "A" coisa assumiu numerosas e diferentes identidades.

Em um contexto cristão, porém, quando se perseguia a "filosofia natural", admitiu-se que essa "natureza" na verdade era um "livro", escrito pelo único Deus, e que deveria ser entendida adequadamente à luz do que Deus disse no Livro, a Bíblia. A natureza era o livro de Deus e só podia ser compreendida corretamente se interpretada à luz de seu livro escrito, a Bíblia.

A literatura sobre essa história é vasta demais para ser resumida, mas podemos ver indícios dela em três exemplos importantes. Atribui-se a Francis Bacon (1561-1626) a aplicação do "método científico", que destacou o uso de uma abordagem indutiva no estudo da natureza. Embora hoje sua abordagem "científica" seja vista como algo independente da religião, Bacon alegava "oferecer uma abordagem genuinamente cristã da natureza, em comparação às abordagens anteriores, que se consideravam contaminadas pela filosofia pagã".*
Isto é, Bacon reconheceu que grande parte da "filosofia natural" tinha raízes não cristãs, ainda que tentasse relacionar sua filosofia a algum tipo de divindade ou força. Bacon tentou livrar a filosofia natural dessas raízes e vê-la à luz do cristianismo.

---

* Peter Harrison, *The Territories of Science and Religion* (Chicago: University of Chicago Press, 2015), 76 [edição em português: *Os Territórios da Ciência e da Religião* (Viçosa: Ultimato, 2017)].

Robert Boyle (1625-1691), considerado um dos fundadores da química moderna, argumentava que a "ciência" não poderia progredir enquanto fosse praticada com pressupostos ateus. Segundo ele, "o universo não pode ser o 'resultado do acaso e uma confluência tumultuada de átomos'". É a providência divina somente que garante o progresso da ciência, visto que essa providência é oferecida "na constância (e) nos movimentos regulares e rápidos dos corpos celestes".* Para Boyle, a filosofia natural só seria possível quando e se estivesse associada a um Deus que criou e controla todas as coisas e cujo controle confiável do mundo oferece uniformidade no universo. Essa uniformidade seria necessária para haver um progresso científico real.

Isaac Newton (1642-1726), que foi um dos pensadores mais influentes da história ocidental, hoje é conhecido como um cientista brilhante. Em sua época, era conhecido como filósofo natural. Ele fez contribuições significativas para áreas como as leis do movimento e da gravidade. Ainda assim — e talvez supreeendentemente para nós, "modernos" — Newton reconheceu que sua tarefa dependia do caráter e da atividade de Deus. Uma das crenças fundamentais de Newton era que seu trabalho devia reconhecer que "Deus, a Providência e, consequentemente, a teologia [são] centrais para qualquer entendimento adequado da ciência e da natureza".** Ele foi um homem de grande estatura na ciência que provavelmente não reconheceria algumas coisas que hoje supostamente são ciência.

Podemos ver nesses exemplos que o entendimento moderno e generalizado da relação entre ciência e cristianismo *não* é normal.

---

* De *Theological Works*, de Boyle, citado em Jonathan Irvine Israel, *Radical Enlightenment: Philosophy and the Making of Modernity, 1650-1750* (Oxford: Oxford University Press, 2001), 457 [edição em português: *Iluminismo Radical: A Filosofia e a Construção da Modernidade, 1650-1750* (São Paulo: Madras, 2016)].
** Ibid., 519, grifo nosso.

Visto que historicamente o consenso sempre foi que cristianismo e ciência são compatíveis e devem andar juntos, por que tantos acreditam que há um conflito entre ambos?

De modo geral, essa noção de conflito entre cristianismo e ciência pode ser recuada até o Iluminismo. O Iluminismo, que se desenvolvia na época de Boyle e Newton, foi uma era na qual os pensadores começaram a contestar toda autoridade externa. O problema em contestar toda autoridade é que o contestante passa a ser a autoridade final. A época do Iluminismo também é chamada de Era da Razão, porque tentava fundamentar toda verdade no pensamento individual. A verdade não podia se basear em uma religião ou um credo. As religiões seriam hostis a uma verdade sem amarras. A verdade real devia ser encontrada no uso adequado e irrestrito da razão.

Nunca será demais sublinhar o significado do Iluminismo nos anos seguintes, mesmo até os dias de hoje. Todos nós crescemos respirando o ar do Iluminismo. Muitos de nós não conhecem outra maneira de pensar além dos termos que o Iluminismo estabeleceu. Sua influência é profunda e quase universal.

Foi nesse contexto do Iluminismo que surgiu a ideia de um conflito entre ciência e cristianismo. Este "conflito" foi promovido seriamente em meados do século dezenove por dois norte-americanos, John William Draper (1812-1882) e Andrew Dickson White (1832-1918). Suas obras destacaram o "conflito" ou a "guerra" entre cristianismo e ciência. Draper ficou incomodado com os decretos da Igreja Católica Romana declarando que o papa é infalível (quando fala "oficialmente") e pondo a doutrina revelada acima das ciências humanas. Sua desavença limitou-se quase exclusivamente ao catolicismo romano. Segundo ele, as mãos do Vaticano estavam "embebidas de sangue".*

---

* John William Draper, *History of the Conflict Between Religion and Science* [História do conflito entre religião e ciência] (Londres: King, 1875), xi.

Seu livro, *History of the Conflict Between Religion and Science* [História do conflito entre religião e ciência] (1874), passou por pelo menos cinquenta reimpressões e dez traduções. Foi de longe o livro mais influente da época.

A obra de White *A History of the Warfare of Science with Theology in Christendom* [Uma história da guerra da ciência com a teologia no cristianismo] (1896) também passou por numerosas edições e foi traduzida para quatro outros idiomas. White via o autoritarismo da teologia como destrutivo para a ciência e usou um jargão militar para denunciá-lo. Em uma republicação recente dessa obra, Tom Flynn escreve na introdução: "Na medida em que ciência e religião passaram a ser vistas como inimigas, com a ciência na posição moral mais elevada — e na medida em que essa convicção contribuiu para o crescimento do racionalismo, naturalismo e secularismo por todo o Ocidente durante o século 20 — Andrew Dickson White é, embora não intencionalmente — um dos defensores mais efetivos e influentes da descrença."*

Como quase todos irão admitir, porém, a popularidade da noção de "ciência contra cristianismo" não é apenas um produto desses dois livros altamente influentes. A influência mais importante foi outro livro, *A origem das espécies*. Escrito por Charles Darwin e publicado em 1859, os pontos de vista apresentados neste livro foram a gasolina derramada sobre o fogo já furioso do Iluminismo.

Assim que a visão de Darwin sobre a evolução foi apresentada e propagada, o conflito entre cristianismo e religião foi inevitável. O solo em que as ideias de Darwin foram semeadas já era muito rico e fértil, graças ao Iluminismo. Se a razão humana é o fundamento de

---

* Andrew Dickson White, *History of the Warfare of Science with Theology in Christendom* [História da guerra da ciência com a teologia na cristandade] (New Brunswick: Transaction, 2012), xxii.

toda a verdade, então certamente qualquer visão que possa explicar o início da vida sem a necessidade de Deus, ou sua autoridade, serve perfeitamente.

Na história da ciência, a visão de Darwin é nova, mas, da perspectiva histórica, não é normal. A norma da história da ciência era considerar a natureza compreensível somente no contexto do Deus da natureza, mas a visão de Darwin não precisava de Deus. E, como veremos a seguir com as opiniões de Darwin, a opinião mais recente não é a melhor.

Fundamental

Na era moderna tem havido um esforço concentrado e, até certo ponto, bem-sucedido de divorciar a ciência da religião, especialmente do cristianismo. Como observamos, esse esforço avançou como um raio após a introdução da teoria da evolução.

O tema evolução poderia ocupar muitos e muitos livros. Seremos breves em nossa discussão. Já havia teorias evolucionárias antes de Darwin e muitas que se desenvolveram depois dele. Como regra geral, quando usamos o termo "evolução", quase sempre ele inclui a ideia de um processo descontrolado de desenvolvimento e mudança das espécies. Existem teorias da evolução "teístas". Elas supõem que um deus guiou o processo desde o início. Para a grande maioria das pessoas, contudo, "evolução" significa um processo descontrolado de desenvolvimento biológico.

Sem dúvida, a evolução passou a ser o conceito dominante na biologia e em outras ciências afins. Não apenas ela é dominante, mas para alguns é o único ponto de vista razoável. Lembre-se do que dissemos no capítulo 2. O famoso cientista Richard Dawkins, em seu entusiástico apoio à evolução, disse: "É absolutamente garantido dizer que se você encontrar alguém que alega não acreditar na evolução, essa pessoa será ignorante, imbecil ou louca (ou perversa, mas eu prefiro não considerar essa hipótese)."*

O título deste capítulo reconhece a pressão que declarações como a de Dawkins exercem sobre a fé cristã. Mesmo que Dawkins esteja falando por uma hipérbole, os cristãos admitem que dizer que você não acredita na evolução é como dizer que você não acredita no ar ou na luz do sol. Normalmente esse tipo de declaração provoca pena ou sarcasmo em quem a ouve. Como alguém pode não acreditar na evolução em pleno século 21?

Existem muitas respostas a essa pergunta, mas precisamos reconhecer algumas coisas em nossa resposta. Primeiro, a teoria da evolução em si passou por muitas alterações e mutações desde sua ascendência nos últimos 100 anos. Na verdade, a teoria da evolução compõe-se de muitas teorias da evolução, cada uma tentando explicar como é possível que a vida comece a partir de algo que não tem vida. Segundo, o principal motivo pelo qual a teoria de Darwin foi aceita e se desenvolveu não foi, em primeiro lugar, por ser uma teoria completamente nova e jamais concebida. Ideias como as de Darwin podem ser observadas em retrospectiva por milhares de anos, até a Grécia antiga.

O principal motivo pelo qual as ideias de Darwin foram aceitas e promovidas é que foram plantadas no solo do Iluminismo. Como a intenção do Iluminismo era abolir toda autoridade externa e encontrar as respostas para as questões da vida exclusivamente por meio da razão e experimentação humanas, a evolução foi a dobradiça que permitiu que a porta do Iluminismo se abrisse o máximo possível. Tendo uma teoria da evolução, agora todos podemos afirmar que, do início ao fim da vida, não precisamos de um deus. O mundo, na

---

* Richard Dawkins, uma análise de Maitland A. Edey e Donald C. Johanson, *Blueprints: Solving the Mistery of Evolution* [Esquemas: solucionando o mistério da evolução], *New York Times*, 9 de abril de 1989.

verdade, segue seu curso e não é produto de nenhuma divindade causadora e controladora.

Entretanto, essa visão iluminista/evolucionária tem um problema. O problema não é sua popularidade, isso é certo. A declaração de Dawkins mostra como as pessoas se aferram a alguma noção de evolução. O problema é que a teoria é totalmente incoerente.

A incoerência é a seguinte: alguém que acredita que a evolução é um processo aleatório produzido pelo acaso também acredita que o universo é somente natural (sem nenhum aspecto sobrenatural) e composto somente de matéria (nada imaterial ou espiritual pode existir). Segundo esse ponto de vista, tudo o que cremos de algum modo é produzido pelo material que compõe um ser humano. Todas as nossas crenças são um produto da matéria que compõe o nosso corpo.

Agora suponhamos que isso seja verdade: tudo o que acreditamos é produzido apenas pela matéria em nosso corpo. A pergunta, então, é: Como podemos ter alguma garantia de que nossas crenças são verdadeiras? Certamente, o que cremos pode ajudar a nos adaptarmos a nosso ambiente, e a evolução ama a noção de adaptabilidade. No entanto, não é possível definir se nossas crenças são verdadeiras simplesmente com os processos materiais de nosso cérebro e nosso corpo. O que nosso cérebro produz não seria mais do que a produção aleatória de bolhas numa bebida gasosa. Em cada caso, o resultado é apenas um produto do material que foi reunido e produzido aleatoriamente em nós.

Crer numa evolução descontrolada, que alguns defendem tão intensamente, é por si produto de um conjunto aleatório de materiais físicos. Não tem mais mérito do que a produção química e aleatória de bolhas de gás. Isso pode nos oferecer uma maneira de explicar a vida sem Deus, mas não nos permite afirmar que tudo o que cremos é verdadeiro. Embora a teoria da evolução seja abraçada, inculcada e celebrada por tantos, a realidade é que ela não tem fundamento. Ela não faz qualquer sentido de acordo com os próprios pressupostos. E uma teoria que não faz sentido segundo ela mesma é, por definição, incoerente. Não ter fundamento não é apenas um problema acadêmico; é um problema que atinge o âmago do que é verdade e por que é verdade.

Posso ilustrar o problema da falta de fundamento da seguinte maneira. Certa tarde eu falava a um grupo de universitários sobre a Bíblia e a revelação de Deus em toda a criação. Quando a reunião terminou, voltei para a sala a fim de buscar um café. Um homem se dirigiu a mim e se apresentou como um dos professores de física da universidade. Ele também contou que era ateu, mas então disse algo notável: "O que me tocou em sua palestra é que ao ensinar física como um ateu, não tenho como afirmar ou argumentar por que as leis da física são como são. Tudo o que posso ensinar são as leis." Esse homem reconheceu que, mesmo sendo um físico reconhecido, ele não tinha como, não tinha base para garantir que as leis *são* leis e que o mundo continuará funcionando dentro de um padrão regular e previsível. Tudo o que ele podia fazer era afirmar as leis.

É por isso que a teoria da evolução descontrolada não pode ter um fundamento sólido. Há milhares de anos, as pessoas têm reconhecido que o mundo, o universo, precisa de algum tipo de princípio organizador e unificador se quisermos estudá-lo e definir suas leis e seu potencial. Sem um princípio assim, tudo o que temos é uma série de acontecimentos aleatórios que apenas ocorrem para produzir algo que agora chamamos de seres humanos. Somente uma mentalidade iluminista seria capaz de abraçar e promover a ideia de uma evolução sem controle. Qualquer teoria que se baseie unicamente no natural e no material jamais será capaz de dar sentido ao mundo. Não importa quão alto ela grite "isso é verdade", ela não tem onde se apoiar. Isso é gritar no vazio.

Na história da ciência, o reconhecimento de um princípio unificador da natureza encontrou seu verdadeiro lar no cristianismo.

O cristianismo nos oferece um ponto de partida, uma *gênese*, para entender corretamente a vida humana. No cristianismo descobrimos que Deus criou os seres humanos de maneira singularmente única, soprando neles o fôlego da vida. Esse sopro distinguiu os seres humanos de tudo mais na criação divina. Ele também inseriu o homem firmemente na criação de Deus como aquele que deve supervisionar e cuidar das outras coisas que Deus fez (Gênesis 1:28-30).

Considerando a novidade histórica da ciência moderna mais incoerência das teorias evolucionárias, a pergunta real a ser feita não é por que alguém acredita no cristianismo diante da ciência moderna, mas por que alguém acredita na ciência moderna, em face do cristianismo. A resposta é muito óbvia. O Iluminismo não era um argumento de que os homens são autossuficientes; era uma declaração de que queriam ser. A ciência moderna não fez nada para desacreditar as verdades do cristianismo; ela simplesmente as rejeitou.

Como vimos, Richard Dawkins oferece um exemplo claro desse tipo de declaração. Em seu livro *Deus, um delírio*, ele diz o seguinte: "O Deus do Antigo Testamento é talvez o personagem mais desagradável da ficção: ciumento, e com orgulho; controlador mesquinho, injusto e intransigente; genocida étnico e vingativo, sedento de sangue; perseguidor misógino, homofóbico, racista, infanticida, filicida, pestilento, megalomaníaco, sadomasoquista, malévolo."* Essa não é uma declaração resultante da curiosidade "científica" e de mente aberta, tampouco é uma declaração de objetividade "científica".

Qualquer um que pensa como Dawkins ou de maneira semelhante ficará muito satisfeito ao adotar uma teoria que deixa esse tipo de Deus completamente fora do universo. O problema é que para Dawkins qualquer mesquinhez, qualquer comportamento injusto, intransigente, vingativo, misógino, homofóbico, racista, infanticida,

---

* Richard Dawkins, *The God Delusion* (Boston: Mariner, 2008), 51.

genocida em qualquer pessoa, em qualquer lugar e qualquer época só pode ser um produto de sua composição material e natural. Se isso é verdade, então essas características não são mais importantes ou moralmente mais repulsivas do que bolhas de gás produzidas aleatoriamente. É difícil ver na teoria do próprio Dawkins por que esse tipo de comportamentos produzidos naturalmente são um problema.

A crença no cristianismo, ao contrário da crença em uma evolução descontrolada, tem um fundamento. O fundamento é o que Deus disse, primeiro em sua Palavra e também em seu mundo. Com esse fundamento é possível alicerçar a ciência. Sem ele, não há onde o cientista possa se apoiar. Ele é incapaz de produzir a coerência necessária para que a ciência floresça.

Respostas

Uma das objeções feitas àqueles que são contrários à evolução é que o registro fóssil revela claramente que houve mudanças evolucionárias nas espécies. Há pelo menos duas respostas a essa objeção. Primeiro, o próprio Darwin reconheceu que o registro fóssil na verdade é um argumento comprobatório contra a evolução. Segundo ele, "a geologia não revela seguramente uma série orgânica bem graduada, e nisto é, talvez, que consiste a objeção mais séria que pode ser feita à minha teoria".* Em outras palavras, se a evolução é verdadeira, o registro fóssil deveria ter uma abundância, não apenas de mudanças entre uma espécie, mas de espécies intermediárias, isto

---

* Charles Darwin, *The Origin of Species*, The Harvard Classics, vol. 2 (New York: Collier, 1909), 334 [edição em português: *A origem das espécies*. E-book inspirado na tradução de Joaquim da Mesquita Paul (Porto: Lello e Irmão, 2003)].

é, espécies que estão "entre" um pássaro e um réptil, por exemplo, ou entre um macaco e um humano. Mas não há.

Por causa deste problema, alguns cientistas propuseram a ideia de um "equilíbrio pontuado". Essa teoria pressupõe que a evolução pode ter ocorrido rapidamente, e não ao longo de grandes períodos de tempo. Ela aconteceu tão depressa que há poucos — se é que há — registros fósseis de espécies intermediárias. Não é difícil ver que essa teoria se desenvolveu à luz da realidade de que não há registros fósseis de espécies intermediárias, não porque havia evidências científicas de algum tipo de evolução rápida.

A segunda resposta que poderíamos dar àqueles que propõem o registro fóssil como prova da evolução é que o próprio registro pressupõe certa progressão na história para determinar várias datas e estágios na história. A datação da história e seus estágios nas teorias evolucionárias parte da premissa de que, em geral, no passado as coisas aconteceram da mesma maneira que acontecem agora. Ela pressupõe que a história tem sido uniforme no modo como avança no tempo. Não há provas desse tipo de uniformidade; ela é simplesmente pressuposta.

Para aqueles de nós que acreditam no que as Escrituras dizem, reconhecemos que Deus iniciou um evento cataclísmico na história — um dilúvio universal. Considerando o dilúvio, não podemos simplesmente aceitar que a história tem sido uniforme no desenvolvimento de fósseis e outras evidências. Como dissemos, a premissa da uniformidade da história é apenas uma suposição; não há provas disso. A noção de um dilúvio universal é apresentada na Bíblia; não é meramente uma premissa cega. Se levarmos em conta a devastação que esse dilúvio causou no mundo, a datação de fósseis e outras evidências teriam de incluir esse acontecimento.

Outra resposta bastante usada por aqueles que contrapõem evolução e cristianismo é que os cristãos assumem cegamente sua posição, ao passo que a evolução se baseia em evidências científicas.

Creio que já avançamos o suficiente neste livro para agora imaginar como um cristão pode responder a essa objeção. Por exemplo, com a citação perspicaz de C. S. Lewis no início do livro: "Creio no cristianismo como creio que o sol nasce todo dia; não apenas porque o vejo, mas porque através dele eu vejo todas as outras coisas."

Os cristãos não creem cegamente. Sua fé tem aplicação pessoal e universal. Pessoalmente, como diz Lewis, cremos no cristianismo porque o vemos. Nós o vemos nas Escrituras, nós o vemos na igreja, em nossos amigos e em nós mesmos. O cristianismo não é apenas um conjunto de proposições que defendemos. É uma vida toda.

No entanto, ele também tem aplicação universal. Como diz Lewis, através dele vemos todas as outras coisas. O cristianismo tem algo a dizer sobre tudo (por exemplo, que tudo foi crido e é mantido por Deus). Ele não diz tudo sobre tudo, mas nos dá tudo o que precisamos para ver o mundo e tudo o que nele há da maneira correta. Visto que o cristianismo nos dá um fundamento para tudo, é uma visão de mundo completa.

Como vimos, as teorias da evolução não são, em absoluto, capazes de suportar o peso que o cristianismo atribui a si mesmo. Você não pode dizer, pelo menos não de forma coerente em relação à evolução, que através dela você vê todas as outras coisas. A evolução não é capaz de se responsabilizar pela própria teoria, muito menos pelas outras coisas centrais e importantes em que todos nós cremos. Crendo somente no natural e material, ela não responde pelo amor entre um homem e uma mulher; pela dignidade de cada ser humano, pela felicidade e pela tristeza. Ela não responde pela maioria do que nos torna humanos. A evolução é aleatória, descontrolada e não possui conteúdo moral ou ético. Caso se aceite alguma posição com os olhos vendados, essa posição teria de ser a evolução.

Quando se trata da ciência moderna, portanto, não podemos aceitar alguns de seus princípios mais básicos. Para os cristãos, o "agora" não é o padrão e "mais novo" não significa melhor. Cremos no cristianismo porque somente ele é capaz de oferecer um fundamento verdadeiro para ciência, moderna ou não. Aquilo que dá a si mesmo o nome de "ciência" e se divorcia do cristianismo perde-se em sua incoerência; não é possível crer nisso racionalmente.

Conclusão

Há muito mais a ser dito sobre a relação e a diferença entre o cristianismo e a ciência moderna. O material neste capítulo é só um começo, mas é um começo importante e essencial. Quando vemos que a ciência teve uma história longa e fértil em harmonia com o cristianismo, e quando vemos que as teorias da evolução não têm um fundamento que as sustente, podemos começar a entender por que o cristianismo é a única opção real disponível para seres humanos e cientistas.

Os livros das "Leituras recomendadas" são apenas uma pequena amostra da literatura disponível. Tentamos oferecer uma lista de recursos que podem se aprofundar nos aspectos específicos abordados aqui.

Perguntas para reflexão

1. Por que é importante para a maioria das pessoas que acreditam na evolução que ela tenha acontecido de forma descontrolada?

2. Como os cristãos devem responder à visão iluminista da razão humana?

3. Como a abundância de sentido no universo refuta os pontos de vista típicos da evolução?

4. É possível crer no que a Bíblia diz e acreditar na evolução?

Leituras recomendadas

Harrison, Peter. *Os territórios da ciência e da religião* (Viçosa: Ultimato, 2017).

Meyer, Stephen C. *Darwin's Doubt: The Explosive Origin of Animal Life and the Case for Intelligent Design* [A dúvida de Darwin: a origem explosiva da vida animal e o caso do design inteligente] (Nova York: HarperOne, 2014).

Poythress, Vern Sheridan. *Redeeming Science: A God-Centered Approach* [Redimindo a ciência: uma abordagem teocêntrica] (Wheaton: Crossway, 2006).

Capítulo 9
Por que crer em Deus apesar do mal no mundo?

De certo modo o chamado "problema do mal" está evidente em quase todos os capítulos deste livro. Toda vez que começamos a pensar por que cremos em alguma coisa, inevitavelmente olhamos para problemas e erros e tudo que nos lembra que o mundo não é perfeito. Não só ele não é perfeito, mas teríamos muita dificuldade em apontar para qualquer coisa que não esteja afetada por imperfeições e deficiências. Por causa da onipresença do mal no mundo, qualquer um que examine o assunto reconhecerá imediatamente o que é o mal. Todos nós o experimentamos. Todos que conhecemos o experimentam. O próprio mundo, com seus desastres e catástrofes naturais, está tão sujeito ao problema do mal quanto os seres humanos. Não há dúvida de que o mal é um problema. Mas qual, exatamente, é o problema?

Já analisamos o problema do pecado no capítulo 5. Ali vimos o pecado no contexto da salvação que está disponível para nós em Jesus Cristo. Neste capítulo, é importante reconhecer que mesmo que usemos a terminologia mais comum para o problema do mal, o problema em si é apenas outra maneira de pensar no problema do pecado. Em outras palavras, "mal" e "pecado" são duas palavras que significam a mesma coisa.

Para começar, precisamos confessar que a questão do mal talvez seja o problema mais intrigante enfrentado pelos cristãos. Há muitos motivos para sua perplexidade, as quais examinaremos. Primeiro, porém, quero dar um exemplo famoso de como a tensão entre a existência do mal e a existência de Deus tem sido discutida.

O falecido filósofo britânico Antony Flew contou uma parábola, hoje famosa, do Jardineiro Invisível. Dois exploradores encontram um jardim no meio de uma selva. O jardim há muitas flores e não muitas ervas daninhas. Um explorador acredita que deve haver um jardineiro que cuida do local, pois de que outro modo o jardim poderia estar tão bem cuidado e organizado? O outro explorador recusa-se a crer que há um jardineiro. Eles decidem ficar lá por um tempo e esperar para ver se um jardineiro aparece. Eles esperam e esperam, mas nada acontece. O explorador "crente" ainda afirma sua fé em um jardineiro. Como eles não viram nenhuma evidência de um jardineiro, ele sugere que talvez o jardineiro seja invisível.

Os dois exploradores concordam em esperar mais. Eles erguem uma cerca com arames eletrificados e a patrulham com cães de caça, caso seja possível tocar ou detectar o jardineiro invisível de alguma forma. Continuam esperando, mas nada acontece. Os arames nunca oscilam, e os cães nunca latem. O "crente" continua mantendo sua fé na existência do jardineiro, mas agora ele precisa qualificar sua fé novamente. Ele diz que o jardineiro não só é invisível, mas também intangível e insensível a choques elétricos. Ele não emite odores ou sons, e portanto não pode ser detectado pelos cães. Contudo, diz ele, o jardineiro continua cuidando do jardim. Finalmente o explorador que não acredita na existência do jardineiro desanima e pergunta ao crente: "Diga-me uma coisa: qual é a diferença entre um jardineiro invisível, intangível, não detectável e nenhum jardineiro?"

O que Flew está tentando ilustrar com essa parábola é que sempre pessoas que creem em Deus encontram um problema que questiona essa crença, sempre respondem com algum tipo de qualificação do seu Deus que permita que continuem crendo.

Há pelo menos dois aspectos na história de Flew. O primeiro é o filosófico. Flew procurava ilustrar que toda afirmação que não pode ser falsificada (pelo menos hipoteticamente) é obrigatoriamente tolice. Sua alegação é que qualquer declaração que possua inúmeras qualificações, no final, não significa nada. Para que uma declaração faça sentido, argumenta Flew, é necessário pressupor uma situação que a negue. Esse aspecto da discussão de Flew pode parecer muito técnico, mas felizmente não precisamos segui-lo aqui. Sua implicação para os cristãos é que a menos que possamos propor uma situação na qual Deus não exista, então nosso cristianismo não faz sentido.

O segundo aspecto da parábola de Flew está relacionado mais diretamente ao assunto deste capítulo. Eis o que Flew diz depois de contar a parábola: "Alguém nos diz que Deus nos ama como um pai ama seus filhos. Isso nos tranquiliza, mas então vemos uma criança morrer. Seu Pai Celeste não demonstra nenhum sinal óbvio de preocupação. Fazemos uma qualificação. O que precisaria acontecer para concluirmos: 'Deus não nos ama', ou mesmo 'Deus não existe'? O que precisaria acontecer que constituísse para nós uma refutação do amor ou da existência de Deus?"* A conclusão de Flew é que para os cristãos não há nada que possa ser dito para refutar a existência de Deus. Por esse motivo, pensava ele, o Deus do cristianismo está morto; ele "morreu a morte de milhares de qualificações". Em outras palavras, os cristãos encontram uma desculpa para qualquer problema que lhes seja apresentado, de modo que, no fim, das contas o Deus do cristianismo não faz diferença nenhuma. Se ele existisse, seria invisível, intangível, não detectável e, portanto, inútil.

---

* Antony Flew, "Theology and Falsification" [Teologia e falsificação], em Antony Flew e Alasdair C. MacIntyre, *New Essays in Philosophical Theology* [Novos ensaios em teologia filosófica] (Nova York: Macmillan, 1964), 98-99.

O importante para nós é observar que o exemplo usado por Flew em sua queixa é a morte de uma criança. Mesmo em circunstâncias tão horrendas, diz Flew, o "Pai Celeste não demonstra nenhum sinal de preocupação".* Ou seja, foi o problema do sofrimento e do mal que motivou a conclusão de Flew de que Deus deve estar morto.

O problema

O filósofo grego Epicuro (341-271 a.C.), cujos seguidores — os epicureus — continuavam no período do Novo Testamento (veja Atos 17:18), definiu o problema do mal em diversas perguntas sobre Deus e seu caráter: "Ele está disposto a evitar o mal, mas não é capaz de fazê-lo? Então ele é impotente. Ele é capaz, mas não quer? Então ele é maldoso. Ele tanto é capaz quanto disposto? De onde então vem o mal?"** Precisamos examinar alguns aspectos desse problema que Epicuro menciona.

Primeiro, o problema do mal é um problema para os cristãos. É um problema que surge por causa de nossa crença em Deus e por causa do caráter do Deus em quem cremos.

Como observamos no capítulo 2, aqueles que não creem em Deus têm um problema completamente diferente quando se discute o "mal". Ainda que queiram continuar fazendo declarações sobre o que é certo e errado, eles na verdade não têm como explicar o que é o mal. Para que o mal seja mau, precisa ser contrastado com algo ou alguém inteiramente bom.

Ateus, agnósticos e aqueles que não reconhecem Deus não têm um padrão que lhes permita definir, por contraste, o que é o mal.

---

* Ibid.
** Citado em David Hume, *Dialogues Concerning Natural Religion* (London: 1779, 2ª ed.), 186 [edição em português: *Diálogos sobre a religião natural* (Lisboa: Edições 70, 2005)].

Assim, precisamos admitir que há dois "tipos" de problema quando pensamos sobre o mal. Neste capítulo iremos nos ocupar com o problema cristão.

O segundo aspecto que Epicuro levanta nessa citação é que o problema do mal é um problema por causa de algumas das características mais básicas atribuídas a Deus pelos cristãos. Assim, o problema do mal fica claro nestas duas afirmações:

- Deus é onipotente, onisciente e completamente bom.

- Existe uma grande quantidade de mal no mundo.

De acordo com essas duas afirmações, quando consideramos essas três características de Deus, o fato de que há tanto mal no mundo parece incoerente. Há uma incompatibilidade básica e óbvia entre a existência desse Deus e a quantidade de mal no mundo. Como óleo e água, parece ser impossível "misturar" esses dois fatos.

Quando pensamos no problema do mal, estamos pensando em um dos aspectos mais difíceis enfrentados pelos cristãos. Ao longo dos séculos, filósofos têm considerado esse problema como o "calcanhar de Aquiles" do cristianismo. É o problema que derruba toda a fé cristã.

No entanto, esse não é somente um problema filosófico. É um problema profundamente pessoal e pastoral. Todos nós fomos afetados pessoalmente pelo pecado e pelo mal. Nós o enfrentamos todos os dias de nossa existência. É um problema vivido em cada igreja e entre cada pastor. A igreja sofre sérias consequências por causa da presença do mal que existe, mesmo nos cristãos. Como respondemos a essa questão multifacetada?

A solução mais "óbvia" para esse problema cria dificuldades ainda maiores para os cristãos. Uma solução pode ser negar uma das características de Deus apresentadas na primeira afirmação. Assim, se decidirmos que Deus não é onipotente, então ele não tem poder para impedir o mal. Desse modo poderíamos entender por que o mal permeia o mundo. Deus não é capaz de impedi-lo.

Ou se dissermos que Deus não é onisciente, então ele não sabia o que nós faríamos quando nos criou; ele não teria como saber que nós traríamos o mal para o mundo. Como Deus não podia saber que faríamos o mal, podemos entender por que o mal existe. Deus assumiu um risco ao nos criar.

Ou, finalmente, podemos dizer que Deus não é inteiramente bom, e então o mal refletiria algo de seu caráter. Talvez Deus seja tanto bom quanto mau, e o mundo nos mostra ambos os aspectos de seu caráter.

Nenhuma dessas opções foi defendida seriamente por cristãos ortodoxos. Ao longo dos séculos, essas três características de Deus — sua onipotência, sua onisciência e sua bondade — têm sido declaradas por todo cristão que reconhece o que as Escrituras dizem sobre Deus. Negar qualquer um desses atributos de Deus é negar o próprio Deus.

A queixa de pessoas como Flew e muitos outros que veem a incompatibilidade entre a existência de Deus e a existência de tanto mal é que é irrazoável, ou mesmo até irracional, continuar crendo em alguma coisa quando há evidências tão fortes que solapam ou contradizem sua verdade. Portanto, argumenta-se, é tolice e quase irracional crer no tipo de Deus em que você crê quando tudo à nossa volta e no mundo constituiu uma quantidade tão grande de provas em contrário — provas que mostram que sua crença em Deus é ilógica. A única alternativa para os cristãos, dizem, é abrir mão dessa crença.

Não importa o que pensemos sobre a parábola de Flew a respeito do Jardineiro Invisível, todos nós percebemos a motivação por trás da parábola. A motivação por trás dela é a aflição, às vezes terrível, que nos sobrevém e é evidente para qualquer pessoa de olhos abertos. A dificuldade dessas atrocidades é que elas continuam acontecendo, e ocorrem com regularidade nauseante, diante de nossa insistência de que Deus, que é a própria bondade, existe.

Como os cristãos devem responder a esse problema? Por que crer nesse tipo de Deus quando há tanto mal no mundo?

Razões

Em vez de negar a verdade da existência de Deus diante do mal, os cristãos elaboraram respostas ao desafio. Para os cristãos, a pergunta pode ser feita do seguinte modo: qual pode ser a razão da existência do mal, tendo em vista a verdade da existência de Deus?

Para muitos, que negam a existência de Deus em face de tanto mal, muitas vezes o desafio é: vocês, cristãos, precisam dar um motivo para a presença do mal que justifique Deus. Vocês precisam nos dizer como esse tipo de Deus em quem vocês creem justifica suas ações, considerando a presença universal do mal. Por que pensar que é necessário ter uma razão para o mal "que justifique a Deus"?

No século 18, um filósofo chamado Gottfried Wilhelm von Leibniz (1646-1716) escreveu uma obra chamada *Teodiceia*. A palavra *teodiceia* é uma combinação de duas palavras gregas. A primeira, *theos*, significa Deus; a segunda, *dike*, signifca justificar. Toda vez que surge o assunto "teodiceia", estamos perguntando quais razões ou justificativas Deus teria para criar um mundo que contém tanto mal.

A motivação cristã para uma "teodiceia" nem sempre é errada. Mesmo os cristãos mais piedosos, admitindo com franqueza, reconhecem a necessidade de algum tipo de resposta à presença universal e penetrante do mal. Estamos interessados numa razão, não porque queremos saber tudo, ou porque achamos que Deus nos deve uma explicação, mas porque sabemos que o mal no mundo não condiz com nada do que sabemos sobre Deus e seu caráter. Os cristãos querem ser capazes de defender sua crença na existência de Deus, e queremos que essa defesa se fundamente no que o próprio Deus diz a respeito.

Uma das respostas que tem sido dadas ao problema da teodiceia é chamada a "Defesa do bem maior". Há diferentes versões dessa defesa, mas todas elas tentam mostrar que o mal existe para que outras virtudes possam existir e ser reconhecidas. A "Defesa do bem maior" pergunta: Como é possível haver virtude se não houver defeito? Como pode haver coragem sem perigo? Como todas as coisas podem cooperar para o bem se não houver mal a ser vencido? Como uma criança que precisa suportar a dor de uma injeção, a injeção serve ao bem maior da saúde para a criança diante de uma doença.

O problema dessa defesa é que ela ainda deixa tanto mal e sofrimento sem explicação e aparentemente sem sentido. Que "bem maior" há em uma matança aleatória ou tortura em massa, ou, como destaca Flew, na morte de uma criança? A visão cristã de Deus não afirma que ele é santo e bom, sem qualquer tipo de mal? Isso não demonstra que a bondade, a virtude e a santidade podem existir, como existem em Deus, sem a presença do mal? E Deus não proclamou que o jardim do Éden era "muito bom" quando não havia nenhum mal presente nele? A noção de que é preciso haver mal para que haja um "bem maior" não soa verdadeira, considerando as outras coisas em que os cristãos creem.

Uma das respostas mais famosas ao problema do mal foi dada pelo pai da igreja Agostinho (354-430 d.C.). Precisamos de um breve resumo de sua vida para entender o pano de fundo que motivou sua resposta.

Antes de sua conversão ao cristianismo, Agostinho adotou várias filosofias diferentes para tentar explicar o sentido da vida. Uma dessas filosofias era o "maniqueísmo". O maniqueísmo começou no terceiro século depois de Cristo. Uma de suas doutrinas básicas é que a realidade é inteiramente dualista. Isso significa que existem dois aspectos completos: o bem total e o mal total; os dois coexistem. Para Agostinho, antes de sua conversão, essa era a solução para o problema do mal. O motivo pelo qual o mundo consiste de bem e mal é que a natureza da realidade consiste dessas duas forças duais.

Quando Agostinho se converteu, percebeu que não poderia mais abraçar uma realidade dualista. A realidade é inteiramente *boa*, porque Deus, que é a realidade final, é somente bom e não há mal algum nele. Como cristão, Agostinho começou a buscar uma maneira de "justificar" Deus, tendo em vista o fato de que há tanto mal no mundo.

Como cristão, Agostinho sabia que Deus criou todas as coisas e que tudo o que ele criou é bom (veja Gênesis 1:4, 10, 12, 18, 21, 31). Teria Deus criado também o mal?

A resposta de Agostinho é não. É verdade que Deus criou tudo, mas, diz Agostinho, temos de reconhecer que o mal não é uma coisa! Ao contrário, é uma falta ou negação de algo. O termo latino para a visão de Agostinho é que o mal é uma *privatio boni*, o que significa privação, ou falta, do bem.

Isso pode soar abstrato demais, mas também pode ser ilustrado de modo muito simples. Quando dizemos que algo é "imoral", o que queremos expressar com essa palavra é que algo prescinde, ou nega, a moral. Assim, aquilo vai contra ou contradiz o que é moral. Algo imoral é uma negação da moralidade.

O motivo pelo qual Agostinho considerou esta uma explicação adequada do mal no mundo é que o mal é uma falta ou negação do que é bom, não é "algo" propriamente dito. Ao contrário, é uma falta ou negação de algo. O mal, portanto, não é alguma coisa que Deus criou, porque não é uma coisa. É a falta de algo.

Não só o mal não é algo, mas é completamente dependente do bem para ser o que é; é um parasita do bem. A noção de "imoralidade" não faz sentido a menos que haja uma moralidade. No entanto, o contrário não é verdadeiro. A moralidade não depende da imoralidade para ser definida. As características do mal, segundo Agostinho (e muitos outros na igreja que também ensinaram isso) são que ele não é algo, mas uma negação do bem, e não pode ser o que é sem que o bem seja primeiro o que é.

Esse ponto de vista inclui algumas verdades cristãs essenciais. Como Deus é somente bom e é o fundamento último, é verdade que o mal depende do bem (em Deus) para ser o que é. E é verdade que o mal pode ser definido como qualquer coisa que vai contra ou nega o caráter de Deus. Nesse sentido, o ponto de vista de Agostinho expressa uma verdade cristã.

No entanto, essa perspectiva traz alguns problemas. Mesmo que o ponto de vista de Agostinho ajude a explicar algo sobre a natureza do mal — como uma negação do caráter de Deus e como algo dependente de Deus — ele não vai muito longe ao explicar por que afinal o mal entrou no mundo. Em outras palavras, ainda que o mal seja uma falta ou negação da bondade, ainda não respondemos à pergunta do porquê haver tanto mal no mundo.

Repetindo, Deus em si não é mau — não há falta nele e ele não pode negar o próprio caráter — de modo que parece continuar não havendo motivo para que o mal esteja presente em nosso mundo.

Outro problema em definir o mal como uma falta ou negação não faz justiça ao real poder do mal em destruir, distorcer e perverter a realidade. Algo que é apenas uma falta não teria tal poder destrutivo. Está claro que se o mal é uma falta, é algo extremamente poderoso. A visão de Agostinho encerra algumas verdades cristãs básicas, mas ainda não responde à pergunta "Por que o mal?".

Outra resposta ao problema do mal — uma das respostas mais populares — é que Deus criou o homem com "livre-arbítrio". "Livre-arbítrio" significa que nossas escolhas em obedecer ou desobedecer não podem ser controladas, ordenadas ou definidas por Deus. "Livre" nesse sentido significa "completamente livre do controle de Deus".

É fácil ver por que essa é uma opção popular. Ela "justifica" Deus porque o "isenta" de qualquer conexão com as decisões tomadas pelos homens. As decisões que tomamos são inteiramente nossas, e não há como Deus ter controle sobre elas. Portanto, somos completamente responsáveis pelo mal, porque nossas escolhas estavam somente dentro do nosso controle.

Contudo, esse ponto de vista também apresenta sérios problemas. Um deles é que contradiz o que as Escrituras ensinam sobre o controle de Deus. Em Provérbios 16:33, por exemplo, diz o texto: "A sorte é lançada no colo, mas a decisão vem do Senhor." O texto de Daniel 4:35 enaltece o controle completo de Deus: "Todos os povos da terra são como nada diante dele. Ele age como lhe agrada com os exércitos dos céus e com os habitantes da terra. Ninguém é capaz de resistir à sua mão ou dizer-lhe: 'O que fizeste?'" De forma concisa e abrangente, o apóstolo Paulo afirma que Deus "faz todas as coisas segundo o propósito da sua vontade" (Efésios 1:11). Poderíamos listar muitas outras passagens aqui. A conclusão que tiramos desses textos é que Deus jamais abriu mão — porque não podia fazê-lo — do controle sobre o que fez.

Se fosse verdade que os homens podem fazer escolhas independentes de Deus e de seu controle, então Deus não pode ser responsável pela presença do mal no mundo. No fundo, essa opção é uma negação da onisciência, ou onipotência, de Deus para explicar o mal. Ela nega a onisciência de Deus porque mesmo que Deus conheça tudo o que pode ser conhecido, ele não pode conhecer o futuro, já que o futuro ainda não existe. O futuro não pode ser conhecido por ninguém, nem mesmo por Deus. Ou, pode negar a onipotência de Deus ao afirmar que, por Deus ter nos criado "livres", ele decidiu não exercer poder algum sobre nossas decisões. Em qualquer um dos casos, agora Deus está "justificado" pela existência do mal.

O problema com essa "justificação" de Deus é que o preço é alto demais. Na verdade, ela reduz Deus ao nível humano, incapaz de saber todas as coisas ou controlar tudo. Explicar o mal, ao reduzir Deus e sua glória, não deveria ser uma opção cristã. Deus é soberano.

Então, se Deus está no controle até mesmo do mal no mundo, parece que não fizemos nenhum avanço ao "justificá-lo". Isso nos leva de volta à pergunta original: O que devemos pensar de Deus — que "faz todas as coisas segundo o propósito da sua vontade" — à luz de tanto mal no mundo?

Razões bíblicas

As razões que alguns apresentam para a existência de Deus e do mal, ainda que contenham alguns traços de verdade, não oferecem o que se propõem oferecer. Podem oferecer uma migalha de entendimento aqui e ali, mas não tratam realmente do problema entre a incompatibilidade que vemos na existência de Deus e a presença do mal.

No fim das contas, a única maneira de oferecer uma explicação para essa incompatibilidade é ver o que a Bíblia tem a nos dizer sobre isso. Quando admitimos a Bíblia como nossa única ajuda para tratar esse assunto, reconhecemos também que, como a Bíblia é a Palavra de Deus, temos uma fonte totalmente confiável à nossa disposição.

Quando se discute esse assunto, sobretudo em círculos filosóficos, algumas vezes se diz que apelar para a Bíblia é ilegítimo, pois as partes da discussão podem não crer nela. Portanto, devemos ser capazes de resolver a charada sem apelar para as Escrituras.

Existem vários modos de responder a essa objeção. Em qualquer resposta, dois pontos são essenciais. Primeiro, devemos lembrar que o problema que estamos discutindo é um problema especificamente cristão. É um problema daqueles que creem em Deus, pois é um problema de incompatibilidade. Se alguém acredita que não há Deus, então não há incompatibilidade (temos de nos lembrar, porém, que outros problemas mais sérios atrapalham a tentativa de ateus ao explicar o mal).

O segundo ponto, relacionado ao primeiro, é que sempre que declaramos algumas características ou atributos de Deus precisamos tratar da fonte dessa declaração. Assim, como parte da incompatibilidade inclui o fato de que Deus é onipontente, onisciente e completamente bom, precisamos ter claro que só podemos conhecer esses seus atributos pelo que ele disse sobre si mesmo. Então, devemos ver o que mais a revelação de Deus pode nos dizer sobre o assunto.

Três doutrinas centrais da Bíblia são necessárias para elaborar uma resposta a esse problema. Somente quando essas três doutrinas oferecem uma moldura é que podemos ver o quadro com clareza.

Deus

A primeira doutrina central que fundamenta nosso entendimento é o ensino da Bíblia sobre Deus e sua atividade ao iniciar e sustentar toda a criação. O início da criação, na verdade, começou na eternidade, antes que o mundo e o tempo sequer existissem. O Senhor diz:

> Desde o início faço conhecido o fim, desde tempos remotos, o que ainda virá. Digo: meu propósito permanecerá em pé, e farei tudo o que me agrada. Do oriente convoco uma ave de rapina, de uma terra bem distante, um homem para cumprir o meu propósito. O que eu disse, isso eu farei acontecer; o que planejei, isso farei (Isaías 46:10-11).

Essa e outras passagens semelhantes tratam do decreto de Deus. Esse decreto é o início da criação. Pai, Filho e Espírito Santo definiram, na eternidade, o "fim a partir do começo". Eles decidiram todos os aspectos da criação.

Quando o apóstolo Paulo se refere a esse decreto, que inclui a salvação que o povo do Senhor receberá, ele diz:

> Bendito seja o Deus e Pai de nosso Senhor Jesus Cristo, que nos abençoou com todas as bênçãos espirituais nas regiões celestiais em Cristo. Porque Deus nos escolheu antes da criação do mundo para sermos santos e irrepreensíveis em sua presença. Em amor nos predestinou para sermos adotados como filhos, por meio de Jesus Cristo, conforme o bom propósito da sua vontade (Efésios 1:3-5).

Essas palavras do apóstolo nos dão as pistas iniciais para tratar o problema do mal. Observe que Paulo diz que o Pai escolheu as pessoas "nele", isto é, em Cristo, e que o fez "antes da criação do mundo". Essas duas palavras — em Cristo — apontam para o fato de que, antes da criação do mundo, Deus já decretara um meio de tratar com o pecado e o mal no mundo. O motivo pelo qual Jesus Cristo veio, em outras palavras, foi para corrigir o problema que nós trouxemos para a sua boa criação.

A primeira verdade central que reconhecemos é que o problema do mal, em vez de ser uma surpresa para Deus ou algo que levou Deus a "ajustar" seu plano para a criação, já era conhecido de Deus mesmo antes de a criação existir. Tudo era parte de seu decreto soberano, um decreto que inclui a vinda do próprio Filho de Deus.

A imagem de Deus

A segunda verdade bíblica central é que os seres humanos são criados à imagem de Deus. Quando Deus resolve, por meio do próprio decreto triúno, criar os homens (macho e fêmea), ele lhes concede domínio.

> Então disse Deus: "Façamos o homem à nossa imagem, conforme a nossa semelhança. Domine ele sobre os peixes do mar, sobre as aves no céu, sobre os grandes animais de toda a terra e sobre todos os pequenos animais que se movem rente ao chão" (Gênesis 1:26).

Nos seis dias de atividade criadora de Deus, nenhuma outra coisa criada recebeu esse privilégio. Nada mais foi feito "à imagem" de Deus. Parte dessa imagem significa que o Senhor criou o homem para ser um "pequeno senhor" sobre a casa do próprio Deus. O homem deve tomar o que Deus fez e (debaixo de Deus) governar sobre isso, fazê-lo bem e usá-lo para o bem de todos.

Essa ordem de "domínio" de Deus à humanidade muda completamente a estrutura da criação. Durante cinco dias, a criação foi exclusivamente de Deus, para usá-la e organizá-la conforme lhe convinha, mas agora, no sexto e último dia da criação, Deus faz algo que deve "espelhar" seu caráter, concedendo aos homens a responsabilidade de governar sobre a criação. Não temos detalhes exatos de como seria esse governo. Em certo sentido, Deus entregou sua criação ao homem de modo que o prazer de Deus com a criação incluísse o trabalho diário do domínio obediente do homem sobre ela. Esse domínio teve consequências.

Vemos uma das consequências do relacionamento entre Deus e Adão ao dar nome aos animais. E porque esse processo de dar nomes foi uma responsabilidade atribuída por Deus, a Bíblia destaca a soberania de Deus sobre a responsabilidade de Adão; foi Deus quem trouxe os animais a Adão para que lhes desse nomes (Gênesis 2:19-20). Não é simplesmente que Adão recebeu a responsabilidade de dar nomes aos animais. Mais do que isso, Adão iria exercer seu domínio sobre a terra ao nomear os animais que Deus lhe trouxe. Essa é uma ilustração de Deus atribuindo a Adão suas responsabilidades de domínio, mesmo que elas sejam exercidas no relacionamento com e debaixo do controle final do soberano Senhor Deus.

Deus não apenas mostra sua soberania ao trazer os animais a Adão para que lhes dê nomes, mas mostra seu controle soberano sobre a criação também ao definir um aspecto dela que Adão e Eva não podiam dominar ou controlar. Ele separou uma árvore em todo o jardim e deixou claro que ela não fazia parte do domínio deles. Assim ele os lembrou de quem, acima de tudo, era a criação.

Até onde sabemos, não havia nada de especial na árvore que Deus separou. Segundo o relato de Gênesis, Deus simplesmente designou uma árvore como "a árvore do conhecimento do bem e do mal" (Gênesis 2:17) e disse a Adão e Eva que seu domínio seria restringido por aquela árvore. Foi o domínio soberno de Deus que definiu e delimitou o domínio de Adão e Eva.

Mesmo quando governavam sobre o jardim, seu domínio nunca teve o propósito de ser exaustivo; eles não deveriam tocar e muito menos dominar aquela árvore. Essa foi uma forma visível e tangível que Deus usou para lembrar Adão e Eva que seu domínio sobre a criação teve sua origem e seu caráter no Senhor absoluto de tudo.

O resto, como dizem, é história. Todos sabemos muito bem o que aconteceu em seguida. Adão e Eva pecaram; foram iludidos para pensar que seu domínio poderia se estender a todas as partes do jardim, até mesmo à árvore cujos frutos Deus os proibiu de comer. Eles rejeitaram a regra de Deus e comeram o fruto daquela árvore. Assim que o fizeram, seu relacionamento com Deus mudou para sempre, e a própria boa criação de Deus começou a gemer (veja Romanos 8:19-22). A humanidade sai do seu estado sem pecado e a criação perde sua "bondade". Desde aquele primeiro pecado as pessoas continuaram tentando reger a própria vida, o que teve apenas resultados trágicos. As escolhas das pessoas têm consequências.

Em outras palavras, se olharmos para o quadro bíblico da atividade criadora de Deus, agora vemos que Deus é e continua sendo soberano — não há nenhuma indicação aqui (ou em qualquer outra parte das Escrituras) de que a onipotência e onisciência de Deus tenham cessado — e que as ações de Adão e Eva em relação às ordens de Deus terão consequências para eles e para o restante da criação. Adão e Eva, e todos depois deles, saíram de sua comunhão perfeita com Deus. Quando eles caíram, toda criação caiu também. Por causa da desobediência de Adão e Eva, agora toda criação, incluindo especialmente a "imagem" criada de Deus, está imersa nos efeitos do pecado. Sua desobediência trouxe decadência e ruína a uma criação antes imaculada.

Esses dois aspectos do ensino bíblico nos ajudam a ver e discutir corretamente o problema do mal. Agora reconhecemos que tudo o que acontece no mundo foi iniciado por Deus na eternidade passada. Até o remédio para o problema estava assegurado antes mesmo da criação. Vemos também que, ainda que tudo tenha sido planejado por Deus, parte de seu plano soberano era que aqueles feitos à sua imagem fossem agentes responsáveis no mundo de Deus. É por essa razão que quando Adão e Eva pecaram Deus os julgou por sua desobediência (Gênesis 3:11-19). Esse juízo colocou a culpa pelo pecado diretamente sobre os ombros daqueles que desobedeceram. Quando Adão e Eva, como imagens de Deus, pecam, seu pecado traz consequências reais, tanto para eles quanto para o restante da criação.

Deus conosco

A terceira verdade bíblica essencial que trata do problema do mal é a mais importante das três. É importante porque nos ajuda a reconhecer que Deus vê a incompatibilidade entre seu caráter e o mal como um problema grave. Tão grave que Deus decide tratá-lo de um modo que o envolve profundamente.

Às vezes imaginamos, sobretudo ao discutir o problema do mal, que Deus está "fora" do problema, talvez indiferente e despreocupado sentado em seu repouso celestial. Felizmente, isso está muito longe do quadro bíblico de Deus.

Deus não está por "fora" do problema que Adão e Eva trouxeram ao mundo. Ao contrário, desde a introdução do mal no mundo através de Adão e Eva, Deus desce à terra (Gênesis 3:8-10).

A palavra "teofania" descreve uma aparição ou manifestação de Deus. Existem várias "formas" diferentes nas Escrituras (inclusive uma forma humana temporária, como em Gênesis 3) para mostrar às pessoas quem é Deus. Ao adotar essas formas, ele comunica seu compromisso em resolver o problema do mal que trouxemos ao mundo.

Quando consideramos o problema da "teodiceia", a primeira coisa a reconhecer é a verdade da "teofania", a aparição de Deus. A maneira como desde a eternidade passada Deus planejou "justificar-se" a si mesmo à luz do pecado e do mal no mundo é descer até a sua criação, aparecendo em sua criação para tratar e resolver o problema do mal. Longe de estar indiferente e distante do problema, ele entra na podridão e a ruína para destruí-lo.

A "teofania" definitiva e permanente de Deus naturalmente é Jesus Cristo, que é Emanuel, Deus conosco (Isaías 7:14 e Mateus 1:23). Jesus Cristo, que é inteiramente Deus e inteiramente homem em uma pessoa, veio a este mundo para consertar o que nós estragamos.

O preço que Cristo teve de pagar para lidar com nosso problema do pecado foi alto. Ele morreu. Mas antes disso ele pagou um preço mais alto ainda. Antes de Jesus ir à cruz, ele orou ao seu Pai.

> Ele se afastou deles a uma pequena distância, ajoelhou-se e começou a orar: "Pai, se queres, afasta de mim este cálice; contudo, não seja feita a minha vontade, mas a tua". Apareceu-lhe então um anjo do céu que o fortalecia. Estando angustiado, ele orou ainda

mais intensamente. E o seu suor era como gotas de sangue que caíam no chão (Lucas 22:41-44).

Aqui vemos o próprio Filho de Deus pedindo ao seu Pai, suando gotas de sangue em angústia, que o desobrigue de ir até a cruz. A angústia e o suor não eram por causa da dor física que ele sabia que teria de suportar na cruz. Não, ele sabia que sua morte incluía o fato de que o castigo que nós merecemos seria colocado sobre ele.

Antes de morrer, Jesus exclama: "Meu Deus, meu Deus! Por que me abandonaste?" (Mateus 27:46). A morte de Jesus não foi apenas física. Foi uma morte na qual o único que jamais pecara se tornou pecado por nós (2Coríntios 5:21). É por isso que ele grita, e por que o Pai precisa abandoná-lo. Não porque ele havia contribuído para o problema do mal, mas porque nós havíamos. Foi porque o problema só podia ser vencido se a pena que deveríamos pagar fosse paga por ele. Deus, na pessoa de seu Filho, vem a nós para resolver o problema horrível que começamos e que só ele podia terminar.

A queixa de Antony Flew agora está refutada. Você se lembra de como ele a formulou? "Alguém nos diz que Deus nos ama como um pai ama seus filhos. Ficamos tranquilos. Mas então vemos uma criança morrer. Seu Pai Celestial não revela qualquer sinal evidente de preocupação." "Seu Pai Celestial não revela qualquer sinal evidente de preocupação"? Nada poderia estar mais longe da verdade. O Pai ficou *tão* preocupado que mandou o próprio Filho para sofrer, ser abandonado por ele e morrer. Não é possível imaginar um indício mais profundo de sua preocupação.

O problema do mal, que é culpa nossa, só é resolvido quando Deus o resolve. Ele soluciona o problema do pecado tornando-se pecado, de modo que um dia ele será destruído.

Respostas

Talvez alguém responda à nossa solução reclamando que ela ainda não explica por que Deus decidiu criar, mesmo sabendo que o pecado e o mal aconteceriam.

É verdade que Deus não nos pôs a par de tudo o que havia em sua mente quando decidiu criar e redimir. Esse é o tipo de reclamação sobre a qual Jó queria falar com Deus.

Jó estava mais consciente do problema do mal e do sofrimento do que a maioria das pessoas porque teve de experimentá-lo. Sua família e suas posses lhe foram tiradas e ele foi atormentado com toda sorte de enfermidades e doenças dolorosas. Ele finalmente decidiu que queria discutir com Deus sobre isso.

Depois o Senhor falou a Jó do meio da tempestade:

> "Prepare-se como simples homem que é; eu lhe farei perguntas e você me responderá. Você vai pôr em dúvida a minha justiça? Vai condenar-me para justificar-se? Seu braço é como o de Deus, e sua voz pode trovejar como a dele? Adorne-se, então, de esplendor e glória, e vista-se de majestade e honra" (Jó 40.6-10).

Quando Jó quis respostas sobre o sofrimento e o mal, Deus lembrou-lhe de seu caráter. Em vez de aceitar a ideia de precisar justificar-se perante Jó, Deus diz: "Você vai condenar-me para justificar-se?" E então lembra a Jó sua glória e honra.

"Mas", alguém poderia dizer, "isso ainda não responde à pergunta do porquê! Por que Deus planejaria esse tipo de mundo?"

Considerando o que dissemos até aqui, essa pergunta pode ser abordada melhor com um foco mais preciso. "Por que Deus, desde a eternidade passada, planejaria e criaria um mundo ao qual ele mesmo, na pessoa de seu Filho, teria de vir para sofrer e morrer, ser abandonado por seu Pai na cruz, a fim de trazer as criaturas humanas rebeldes a ele mesmo?" Certamente ele não precisava fazer nada disso, mas seu plano, com todo o mal e sofrimento que fazem parte dele, inclui, acima de tudo, o sofrimento e a morte de seu Filho.

E é aí que a Bíblia requer que paremos de fazer a pergunta. Devemos parar de perguntar por que em sua revelação Deus nos deu tudo o que precisamos saber sobre o problema. Ainda assim, restam as "coisas secretas" que Deus não revela.

E nós paramos de perguntar por causa da profundidade das riquezas da sabedoria e do conhecimento de Deus. Seus juízos continuam insondáveis, e seus caminhos, inescrutáveis (Romanos 11:33). Paramos de perguntar por que ele é Deus, e nós, não.

Deus resolveu o problema do mal, e essa solução tem sido efetiva na história até que a indicação mais óbvia do problema — a própria morte (Gênesis 2:16-17) — seja finalmente destruída (1Coríntios 15:54-57). Entretanto — e no meio das perguntas que Deus decidiu não responder por enquanto — a resposta adequada ao problema do mal é confiar nele. Como Deus é Deus, podemos nos colocar nas mãos daquele que conhece o fim desde o começo e que por meio de Cristo nos deu o livramento do mal pela eternidade.

Perguntas para reflexão

1. Por que a solução de Deus para o problema do mal não é satisfatória para algumas pessoas?

2. Como outras religiões tratam o problema do pecado?

3. Em sua opinião, por que Paulo chama a morte de "último inimigo" (1Coríntios 15:26)?

Leitura recomendada

Keller, Timothy. *Caminhando com Deus em meio à dor e ao sofrimento* (São Paulo: Vida Nova, 2016).

Piper, John. *Lições de um leito de hospital* (São Paulo: Vida Nova, 2017).

Piper, John. *O sofrimento e a soberania de Deus* (São Paulo: Cultura Cristã, 2008).

Lewis, C. S. *O problema do sofrimento* (São Paulo: Vida, 2009).

Capítulo 10
Por que crer somente no cristianismo?

Agora que estamos chegando ao fim de nosso livro "Saiba por que", é preciso que nos aventuremos pelo mundo das ideias pela última vez. Atrás da pergunta que tentamos abordar neste capítulo discutiremos três ideias básicas. O cristianismo não é simplesmente mais uma religião. Ele tem implicações que se aplicam à vida toda e ao mundo interior. Nesse sentido, "por que crer apenas no cristianismo" não é somente uma pergunta "religiosa". É uma pergunta sobre religião e tudo o mais. Terminamos o livro onde começamos.

Um dos ensinos mais ofensivos do cristianismo é que fé e confiança em Jesus Cristo são o único caminho para a vida eterna. Neste capítulo queremos debater por que esse ensino é tão ofensivo e como podemos responder à pergunta.

Anos atrás, um livro que segundo todas as expectativas deveria ter ficado na obscuridade surpreendentemente ficou quatro meses na lista dos livros mais vendidos do *New York Times*. Não era um livro fácil de ler. Ele continha conceitos filosóficos abstratos e uma terminologia antiga. Mas foi lido, lido e relido por milhões.

O livro era *A cultura inculta: o declínio da cultura geral*, de Alan Bloom (1930-1992). Uma das coisas que chamou a atenção de tantos leitores eram as páginas iniciais do livro. A análise de Bloom, que encontrou eco em tanta gente, pareceu diagnosticar corretamente o estado mental da época. Graças aos seus anos de experiência como professor universitário, Bloom pôs o dedo em um problema sério entre estudantes universitários, um problema que se estendia ao restante da cultura também. Esta é uma longa citação, mas tão bem formulada que precisa ser reproduzida na íntegra. Bloom começa seu livro descrevendo o que qualquer professor universitário pode esperar de seus alunos:

> Há apenas uma coisa da qual um professor pode ter certeza absoluta: quase todo estudante que entra na universidade acredita, ou diz acreditar, que a *verdade é relativa*. Se essa crença for posta em dúvida, a reação dos estudantes será quase certa. Eles não entenderão. O fato de alguém não considerar essa proposição como autoevidente os surpreende, como se alguém questionasse 2 + 2 = 4. Essas são coisas sobre as quais ninguém precisa pensar. Os históricos dos estudantes são tão variados como podem ser nos Estados Unidos. Alguns são religiosos, outros são ateus, alguns são de esquerda, outros de direita; alguns pretendem ser cientistas, outros humanistas, profissionais ou homens de negócios; alguns são pobres, outros ricos. A única coisa que os une é seu relativismo e sua fidelidade à igualdade. E ambos estão relacionados em uma intenção moral. A *relatividade da verdade* não é uma conclusão teórica, mas um postulado moral[...] O fato de ser uma questão moral para os estudantes fica claro com sua resposta quando contestados — uma combinação de descrença com indignação[...] O que lhes ensinaram a temer no absolutismo não é o erro, e sim a intolerância.
>
> O relativismo é necessário para a abertura; e esta é a virtude, a única virtude que toda educação primária tem se esforçado a incutir por mais de cinquenta anos. Abertura[...] é o discernimento do nosso tempo. O crente verdadeiro é o perigo real. O estudo da história

e da cultura ensina que o mundo todo era louco no passado; as pessoas sempre pensavam que estavam certas, e isso levou a guerras, perseguições, escravidão [...] A questão não é corrigir os erros e estar certo de fato, e sim não pensar que você tem razão. Os estudantes, é claro, não conseguem defender sua opinião. É algo com o que foram doutrinados.*

Há tanta coisa embutida na análise de Bloom... Seu livro desenvolve o problema que menciona e oferece uma solução própria a ele**. Sua análise do problema, porém, é tão simples quanto surpreendente. Não apenas estudantes universitários acreditam que a verdade é relativa, como "não conseguem defender sua opinião". Ao contrário, "é algo com que foram doutrinados".

O problema é o relativismo. "Relativismo" significa que a verdade é relativa àquele que crê nela. Em outras palavras, minha verdade é minha; sua verdade é sua. Pode ser que aquilo que você e eu cremos ser verdadeiro seja a mesma coisa, mas isso não importa realmente. Mesmo que aquilo que eu penso ser verdade seja oposto ao que você pensa ser verdade, isso não é problema. A verdade está na mente de quem acredita nela. Ela não tem nenhum "contato" com o mundo lá fora ou com qualquer outra pessoa.

A avaliação de Bloom muitos anos atrás continua soando verdadeira até hoje. O relativismo não é algo novo. O que é novo é o contexto ou a cultura em que se encontra o relativismo. Bloom escreveu seu livro na década de 1980. Desde então surgiu uma "nova"

---

* Allan Bloom, *The Closing of the American Mind* (New York: Simon Schuster, 1987), 25-26, grifo nosso [edição em português: *O Declínio da Cultura Ocidental* (Rio de Janeiro: Best Seller, 1989)].
** A solução de Bloom tem seus próprios problemas. Ele imagina que uma volta a uma antiga ideia grega de absolutos oferece a cura. Essa solução é contrária ao cristianismo, mas não pode ser debatida aqui.

expressão cultural do relativismo (embora pareça estar desaparecendo). Essa nova expressão é chamada "pós-modernidade".

"Pós-modernidade" tem muitas formas e aplicações diferentes. Alguns dizem que ela começou como uma ideia da arquitetura, na qual se projetam construções sem uma simetria óbvia ou foco central em sua estrutura. Seja qual for a sua forma, a pós-modernidade defende uma espécie de "relativismo grupal". Em um mundo pós-moderno, talvez a verdade não seja relativa somente para mim, ou para uma pessoa, mas para determinado grupo. A verdade pós-moderna já foi resumida na frase: "Verdade é aquilo com que seus pares permitem que você escape."* Em outras palavras, você e seus pares definem o que é verdade.

O relativismo ainda prevalece amplamente hoje. Como veremos, é a posição "padrão" que as pessoas adotam quando não há nada fora de suas mentes em que estejam dispostas a confiar.

No entanto, o relativismo nunca é filho único. Ele é sempre acompanhado de dois irmãos supreendentemente parecidos. Esses irmãos têm suas personalidades, mas continuam formando uma família muito unida. Você raramente vê um sem o outro. Quando você deparar com o relativismo, normalmente ele estará acompanhado do pluralismo religioso e de algum tipo de tolerância. Esses três irmãos estão relacionados, e uma breve explicação das duas outras ideias mostrará por quê.

A expressão "pluralismo religioso", assim como relativismo, pode ser usada de muitas maneiras diferentes. Nem sempre é algo negativo. Por exemplo, algumas vezes o pluralismo religioso significa que há diferentes pontos de vista sobre religião, ou diferentes tipos de religião existindo lado a lado em uma sociedade. Isso é verdade. Em

---

* De modo geral, essa afirmação é atribuída a Richard Rorty, professor de filosofia na Universidade de Princeton.

nosso ambiente cada vez mais globalizado, é fácil reconhecer que há muitas religiões diferentes no mundo.

Quando o "pluralismo religioso" é atrelado ao relativismo, porém, ele deixa de ser meramente descritivo — afirmando que há diferentes religiões. Ao contrário, pluralismo religioso significa que de alguma maneira todas as religiões diferentes são verdadeiras. Uma parábola budista oferece uma ilustração popular dessa ideia:

> Uma vez, um grupo de pessoas em busca de uma religião de diferentes tradições se reuniu e começou a debater a natureza de Deus. Apresentando respostas muito diferentes, começaram a discutir entre si sobre quem estava certo e quem estava errado. Finalmente, quando não havia mais nenhuma esperança de conciliação, chamaram Buda e pediram-lhe que dissesse quem estava certo. Buda começou a contar a seguinte história:
> "Era uma vez um rei que pediu aos seus servos que lhe trouxessem todos os cegos de uma cidade e um elefante. Em pouco tempo havia seis cegos e um elefante diante dele. O rei ordenou que os cegos apalpassem o animal e o descrevessem. 'Um elefante é como um grande pote de água', disse o primeiro que tocou a cabeça do elefante. 'Majestade, ele está errado', disse o segundo, enquanto tocava uma orelha. 'Um elefante é como um leque'. 'Não', insistiu um terceiro, 'um elefante é como uma serpente', disse enquanto segurava sua tromba. 'Pelo contrário, todos vocês estão errados', disse um quarto segurando as presas, 'um elefante é como duas pontas de um arado'. O quinto homem ponderou e disse: 'Está claro que um elefante é como uma coluna', enquanto abraçava uma das pernas traseiras do animal. 'Vocês todos estão errados', insistiu o sexto. 'Um elefante é uma longa serpente', e levantou a cauda. Todos começaram a gritar com os outros sobre suas convicções da natureza do elefante.

Depois de contar a história, Buda comentou: "Como vocês podem ter tanta certeza daquilo que não podem ver? Todos nós somos como cegos neste mundo. Não podemos ver Deus. *Cada um de vocês pode ter razão em parte, mas ninguém está completamente certo*."*

Na última frase temos uma boa descrição do que é pluralismo religioso. Ele afirma que todas as religiões são parcialmente verdadeiras. Mais do que isso, o pluralismo religioso ganha certo impulso porque sua afirmação da verdade parcial de todas as religiões se apoia na noção de que nenhuma pode ter a verdade toda. Essa é uma das coisas que faz o pluralismo religioso ser tão atraente para tantos. É óbvio que ninguém pode ter toda a verdade. Se isso é verdade, quais opções existem quando se trata de religião?

O terceiro irmão do relativismo e do pluralismo religioso é a tolerância. De certa maneira, a tolerância nada mais é do que uma atitude que deveria acompanhar naturalmente o relativismo e o pluralismo religioso. Ela está relacionada ao modo como percebemos ou agimos em relação àqueles que discordam de nós. Se a verdade é relativa, então a sua verdade, mesmo que seja uma "verdade grupal", é sua, e a minha é minha; portanto, não devo nutrir nenhuma animosidade contra você. Também devo reconhecer que você está tão "certo" quanto você crê que eu estou.

Quando abraçamos o pluralismo religioso, todas as discordâncias na religião têm sua origem na parcialidade da verdade que defendemos. Por que deveríamos ser intolerantes com um cego que apalpa apenas a cauda do elefante quando nós, como pessoas cegas, podemos estar apalpando somente as presas do animal? Se admitirmos que todos somos pessoas cegas tentando tatear nosso caminho na vida, a tolerância é a atitude mais natural a ser defendida.

---

* Citado de Louis P. Pojman, ed., *Philosophy and Religion: An Anthology* [Filosofia e religião: uma antologia] (Belmont: Wadsworth, 1987), 497-98, grifo nosso.

Razões

Como os cristãos devem avaliar esses três irmãos? Será que os cristãos se consideram parte dessa família? Consideramos o cristianismo verdade *somente* porque nós cremos nele? Pensamos que o cristianismo "vê" uma parte limitada do mesmo elefante que o budismo, o hinduísmo, islamismo e outros "veem"? Será que a tolerância é uma atitude cristã adequada em relação a outras "verdades" e religiões?

Para os cristãos, as respostas a essas perguntas vão contra os três irmãos — relativismo, pluralismo religioso e tolerância. Cada um desses irmãos precisa ser discutido no contexto do cristianismo.

Relativismo e cristianismo

Lembro-me de um adesivo que vi num parachoque na traseira de um carro com os dizeres: "Deus diz, eu acredito; isso resolve a questão." Há várias maneiras diferentes de ler esse adesivo. Será que essas três afirmações são argumentos para minha crença ou são um argumento a favor da autoridade de Deus?

Em outras palavras, podemos entender as afirmações desta maneira: Deus diz e *porque* eu creio, está resolvido? Ou será que devemos entender assim: *Porque* Deus o diz, está resolvido e eu creio? O lugar em que colocamos o "porquê" faz toda a diferença. A diferença não é uma questão secundária. É a diferença entre a verdade relativa do cristianismo, por um lado, e por outro o cristianismo como verdade, quer eu creia nele ou não.

Se o que Allan Bloom diz ainda é verdade hoje (e eu penso que é ainda mais verdadeiro), então talvez seja difícil para nós reconhecermos essa distinção. Podemos explicar a diferença com uma pergunta: "O cristianismo é verdade para mim, ou é verdade independentemente do fato de eu crer nele ou não?"

A resposta a essa pergunta deveria ser óbia. A verdade do cristianismo não depende da minha fé nele. Ele é verdadeiro, creiamos nele ou não.

Se pensarmos no cristianismo dessa maneira, estamos nos afastando da verdade como unicamente subjetiva, o que o relativismo afirma, para a verdade como objetiva. A ideia de verdade objetiva pode soar abstrata e difícil, mas, na realidade, é algo que cada um deve afirmar.

Lembro-me de uma ocasião em que falei a um grupo de estudantes universitários. Um deles, que acabara de sair da aula de filosofia, disse-me depois da palestra que estava convencido que é impossível conhecer o mundo objetivo. Pedi-lhe que repetisse essa afirmação, e também peguei um objeto próximo ao púlpito em que estava e fingi que iria jogá-lo em sua direção. Ele imediatamente reagiu, como se fosse agarrar o que eu fingia jogar para ele. Ele conhecia o mundo objetivo.

Quando falamos de verdade objetiva, estamos nos referindo ao mundo fora de nós mesmos. Referimo-nos à realidade óbvia que cada um de nós precisa pressupor para viver. Não podemos nem mesmo sair da cama sem pressupor que a cama em que nos deitamos na noite anterior é a mesma em que acordamos, que o quarto em que estávamos na véspera é o mesmo, que a casa continua sendo a mesma etc. etc. Sempre que pressupomos essas coisas, estamos fazendo julgamentos sobre a verdade objetiva. As coisas fora de nós continuam iguais e nós nos comportamos de acordo.

Em geral, não pensamos nesses julgamentos que fazemos. Eles são presumidos ou pressupostos. São tão integrantes de nossa existência diária que chegamos a esperá-los.

No entanto, essas coisas que pressupomos são argumentos contrários a qualquer forma séria de relativismo. Elas demonstram que aquilo que cremos a respeito do mundo é necessário para podermos viver nele. Elas mostram que mesmo se acreditarmos que não existe verdade objetiva, ainda presumiremos que acordaremos na mesma cama, no mesmo quarto etc. E quando dizemos: "Não há verdade objetiva", presumimos que há alguém no mundo objetivo ouvindo o que dizemos e entendendo as palavras que enunciamos. Nossas palavras não têm significado, a menos que haja uma verdade objetiva.

Os cristãos estão interessados em como um mundo assim pode existir, como pode ser tão confiável quanto é e como pode ser compreendido de maneira tão uniforme. Em outras palavras, uma vez que reconhecemos a necessidade de uma regularidade básica e objetiva do mundo e no modo como ele funciona, o cristianismo está atento para explicar a lógica dessas coisas.

O relativismo é um ponto de vista que não pode ser vivido. Eu não tenho a opção de acreditar que, para mim, um semáforo verde significa "Pare" e um semáforo vermelho significa "Vá". Se o fizesse, o resultado seria caos e vidas ceifadas. Neste sentido, o mundo à nossa volta impõe sua verdade a nós.

A pergunta então passa a ser: "Qual é a melhor maneira de entender o mundo?" Ao falar em "melhor" maneira, queremos entender quem *nós* somos e como devemos viver neste mundo.

Já se apresentaram inúmeras opções como resposta à pergunta da natureza do mundo. É impossível avaliar, e muito menos conhecer, todas as opções apresentadas.

Felizmente, as opções apresentadas podem ser resumidas adequadamente sem nos perdermos nos detalhes de cada uma. Em qualquer ponto de vista que tente responder à pergunta sobre qual a melhor maneira de entender o mundo, presume-se que ou não há Deus (ou nenhum modo de saber se Deus existe) ou que Deus existe.

Se considerarmos a primeira opção, reconheceremos a perspectiva do naturalismo, com a qual já estamos familiarizados. No capítulo 8 já vimos alguns dos problemas de uma visão de mundo puramente naturalista. Quando pensamos no naturalismo à luz do assunto do relativismo que estamos discutindo, continuamos encontrando problemas sérios.

Suponhamos que o naturalismo seja a verdade sobre o mundo. Tudo o que encontramos ou pensamos é apenas "natural". Como entender qualquer verdade do ponto de vista naturalista? E se eu decidir ser um relativista? Isso não deve ser um problema para um naturalista, porque minhas decisões e minhas crenças são meramente "naturais". E se alguém pensar que o relativismo está errado? Isso também não deveria perturbar um naturalista, já que essa opinião também é natural.

Um naturalista responderá tentando explicar por que existe certa ordem "natural" no mundo, uma ordem que nega qualquer tipo de relativismo crasso. "Veja como esses gansos voam", ele poderá dizer. "Eles reconhecem naturalmente que um deles precisa guiá-los, e todos voam na mesma direção."

No entanto, esse tipo de resposta ignora as dificuldades presentes na existência humana. Poderíamos comparar esses gansos, por exemplo, ao regime nazista de Hitler. Todos voavam na mesma direção com seu intrépido líder. Há como um naturalista afirmar que a verdade nazista, que é uma verdade natural, é pior do que a verdade natural que motivou aqueles que combateram Hitler? Como o naturalismo pode escapar da armadilha da verdade relativa?

Na realidade, ele não pode. Como Dostoievski disse tanto tempo atrás em *Os irmãos Karamazov*, se Deus não existe, então tudo é permitido.* Talvez um naturalista possa argumentar que nem tudo

---

* A citação está na forma de uma pergunta: "Sem Deus e a vida futura? Isso significa que tudo é permitido agora, uma pessoa pode fazer qualquer coisa?" Fiodor Dostoievski, *The Brothers Karamazov*. Tradução para o inglês de Richard Pevear e Larissa Volokhonsky (San Francisco: North Point, 1990), 589 [edição em português: *Os irmãos Karamázov: romance em quatro partes com epílogo*. Tradução, posfácio e notas Paulo Bezerra; desenhos de Ulysses Bôscolo (São Paulo: Editora 34, 2013, 2ª ed.)].

é permissível. Afinal de contas, precisamos aprender a viver juntos. Porém, ainda que se negue o relativismo individual para que possamos viver juntos, não há como argumentar contra o relativismo coletivo. Isso nos leva de volta ao dilema pós-moderno.

Os cristãos creem que a verdade é objetiva e está fora deles. Por definição, os cristãos creem na verdade que está fora deles, mas não acreditam que essa verdade depende de sua crença subjetiva. Ao contrário, acima de tudo, a verdade está no próprio Deus — Pai, Filho e Espírito Santo — e não é algo que se origina no mundo à nossa volta.

O grão de verdade no relativismo é que a verdade é relativa a uma pessoa. No cristianismo, contudo, essa pessoa é o Deus tripessoal, que é a verdade em si. É preciso que exista um ponto de origem da verdade e onde ela encontre seu lar. Sem esse ponto, não há como a verdade estar fora de nós e ser objetiva.

Quando admitimos que a verdade tem seu lar no próprio Deus, então, como vimos ao longo do livro, voltamos ao que Deus revelou para descobrir o que a verdade nos diz acerca do mundo.

Primeiro, como vimos no capítulo 6, Deus nos diz que ele é o Criador do mundo. A razão pela qual existem coisas no mundo exatamente agora é porque Deus falou e as criou. As coisas existem agora porque ele existe dentro e fora de si mesmo. Ele pôde dar existência às coisas porque ele é existência. Ele não deriva a existência de alguma outra coisa.

Deus nos diz que quando começou a criar instilou ordem em sua criação. Criou coisas específicas em dias específicos. Depois de criar em determinado dia, "passaram-se a tarde e a manhã" (veja Gênesis 1:5, 8, 13, 19, 23, 31). Em outras palavras, mesmo enquanto Deus cria, ele estabelece certa ordem — o que agora chamamos de "leis" — no mundo.

Quando Deus decide criar a humanidade — macho e fêmea — algo especial acontece. Como já discutimos, ele cria ao soprar sobre o homem o fôlego da vida (Gênesis 2:7). Esse ato serve para distinguir os seres humanos de todas as outras criaturas na terra. Nos cinco dias anteriores, Deus criou e ordenou. No sexto dia, Deus cria, sopra seu fôlego no homem, e então ordena. Isso ilustra em parte o que Deus quer dizer quando decide que criará algo à sua imagem (Gênesis 1:26-27).

Porque os seres humanos foram feitos à imagem de Deus, podemos entender por que a verdade é algo além de nós. A responsabilidade de uma imagem é refletir o seu original. Uma imagem num espelho reflete o original que está diante dele. Como criaturas de Deus que devem refletir Deus, que é a própria verdade, os seres humanos deveriam reconhecer e declarar a verdade sobre quem são (imagem de Deus) e o que o mundo é (criado e sustentado por Deus).

Essa é a primeira coisa que os cristãos deveriam reconhecer quando são confrontados com o relativismo abraçado por tanta gente. A verdade não pode ser relativa. Não há como explicá-la se for assim. A única maneira de explicar a verdade é vê-la como algo que está além de nós (porque está no próprio Deus) e é dado a nós (na revelação de Deus). Desse modo podemos defender a verdade objetiva e, ao mesmo tempo, reconhecer que a verdade que temos não é nossa, primeiramente, mas de Deus.

Quando virmos o relativismo como uma ideia ilegítima, podemos começar a ver também a ilegitimidade de seu irmão, o pluralismo religioso.

Pluralismo religioso e cristianismo

O relativismo é o "mais velho" de seu irmão menor e mais religioso. Tratar o relativismo primeiro também ajuda os cristãos a entender as questões em torno do pluralismo religioso.

Na parábola budista do elefante, o pluralismo religioso é um produto das limitações humanas. Seu argumento é que deveríamos dizer que todas as religiões são pelo menos parcialmente verdadeiras, pois só somos capazes de "ver" ou "sentir" de forma limitada. O pluralismo religioso reconhece a finitude da existência humana. O conhecimento limitado requer a humildade de considerar outros pontos de vista igualmente legítimos.

É impossível argumentar contra a noção de que todos somos limitados, às vezes gravemente. Mas há outra premissa na parábola do elefante que pode não ser tão óbvia. De algum modo estabeleceu-se que o que cada um dos seis homens "sente" em sua maneira própria e limitada é um elefante. Como sabemos que os seis homens estão apalpando partes de um elefante, e não de um rinoceronte, um hipopótamo, ou uma casa? Ou, ainda pior, e se alguns percebem um elefante, enquanto outros percebem um hipopótamo, ou uma rocha, ou uma montanha, ou....? A premissa da parábola é que todos estão cientes da mesma coisa, mas de forma diferente. Como podemos saber isso?

Para ser justo, a parábola tenta ilustrar como pessoas religiosas podem ter visões diferentes do mesmo Deus. O elefante representa o Deus dessas diversas religiões.

Porém isso só aumenta o problema. Se o elefante representa o mesmo Deus, então a parábola não começa com uma premissa que é tudo, menos clara? Ela não pressupõe que, independentemente de como uma religião entende Deus, seu entendimento refere-se ao mesmo Deus de outra religião, talvez até mesmo de uma religião que contradiz a nossa.

Por exemplo, de modo geral o budismo crê que há muitos deuses, e nenhum deles é um criador. Dependendo da versão específica, o hinduísmo pode declarar um deus, ou muitos, ou que o mundo é deus, ou que não há deus.

Então, poderíamos perguntar, como esses pontos de vista podem ser simplesmente "parte" de um elefante maior, uma verdade maior? Se o elefante representa Deus, então algumas religiões afirmam que há muitos elefantes, não só um, ao passo que outras podem dizer que talvez não haja elefante. Evidentemente, a parábola budista não sustenta sua esperança de aceitação do pluralismo religioso.

A parábola está certa, contudo, ao mostrar que nós seres humanos somos limitados, tão limitados que não é possível que algum de nós, ou que todos nós juntos, adquiramos um conhecimento abrangente de Deus. Até aí isso é verdade.

Isso nos leva diretamente ao motivo pelo qual os cristãos afirmam que Jesus Cristo é o único caminho para Deus. Ajustando um pouco a parábola budista, os cristãos afirmam que há apenas um caminho para conhecer adequadamente o elefante. Essa afirmação não é arrogância pessoal. Nem uma declaração de conhecimento ilimitado. Como podemos esperar a essa altura do livro, é uma afirmação que leva a sério o fato e a natureza da revelação divina.

Como já vimos, o cristianismo oferece uma razão transcendente para reconhecer o mundo como criado e os seres humanos como dotados de modo especial com a imagem de Deus na criação. Essa é uma razão transcendente porque, conforme começam as Escrituras, reconhecemos que antes que todas as coisas começassem, Deus era. Deus, que transcende a criação, cria todo o resto. Ele não se transforma nessas coisas, nem é o lado "espiritual" da humanidade. Ele cria e outorga o presente de sua imagem a todos os seres humanos.

Aqui precisamos rever o que já foi dito. Como vimos no capítulo 6, os problemas que se seguem à boa criação de Deus devem-se à rebelião de Adão e Eva contra Deus. Parte dessa rebelião foi ostentar a vida que Deus lhes dera, uma vida que era única como "vida à imagem de Deus". Era uma vida que deveria durar para sempre, se Adão e Eva tivessem obedecido. Deus lhes prometera que, se não lhe obedecessem, iriam morrer (Gênesis 2:17).

Quando Adão e Eva desobedeceram trouxeram a morte sobre si mesmos e sobre o restante da criação (Gênesis 3:14-19). Essa morte foi prometida por Deus; era o que mereciam por terem rejeitado a vida que Deus lhes dera no jardim. Não apenas isso, mas porque Deus havia designado Adão como o cabeça da raça humana, seu pecado trouxe a morte para todos os que nasceram depois dele (veja Romanos 5:12-21; 1Coríntios 15:47-48).

No entanto, a morte não foi a última palavra de Deus. Pelo contrário, ele prometeu: "Porei inimizade entre você e a mulher, entre a sua descendência e a descendência dela; este lhe ferirá a cabeça, e você lhe ferirá o calcanhar" (Gênesis 3:15). Com a entrada do pecado, a promessa de Deus foi que haveria inimizade, ou conflito, entre aqueles que seguissem a progênie de Satanás e aqueles que seguissem a descendência da mulher. Em seu comentário sobre Gênesis 3:15, John Bunyan diz:

> As sementes aqui são os filhos de ambos, mas a da mulher é especialmente Cristo (Gálatas 3:16). "Deus enviou seu filho, nascido de mulher" (Gálatas 4:4). Quer o entendamos de maneira literal ou figurada; visto que num mistério a igreja é a mãe de Jesus Cristo, embora naturalmente, ou segundo a sua carne, ele nasceu da virgem Maria e veio de seu ventre: mas seja como for, o inimigo é o mesmo, e poderosamente opôs-se a todo reino do diabo, e morte, e inferno; pela empresa, envolvimento e guerra que o Filho de Deus manteve contra eles, desde sua concepção até sua morte e exaltação à destra do Pai.*

A concepção cristã de que Jesus Cristo é o único caminho não começa no Novo Testamento, como se ensina às vezes. O fato de Cristo ser o único caminho para Deus na verdade começa no jardim do Éden, imediatamente depois da entrada do pecado no mundo.

---

* John Bunyan, *An Exposition of the First Ten Chapters of Genesis* [Uma exposição dos dez primeiros capítulos de Gênesis], vol. 2 (Bellingham: Logos Bible Software, 2006), 437.

O restante do Antigo Testamento testifica sobre esse único e exclusivo Redentor que virá para resolver o problema que as pessoas produzem e propagam. A quantidade de passagens no Antigo Testamento que se referem a esse Redentor exclusivo é grande demais para que as resumamos. Talvez seja melhor ver essas passagens do Antigo Testamento nas palavras do próprio Jesus.

Em certa ocasião (João 8:48-59) Jesus foi confrontado pelos líderes religiosos. Vieram a ele para acusá-lo de ser "menos" do que eles, um samaritano, e de estar possuído por demônios. Se eles estivessem certos, então Jesus não teria direito à religião "deles" e suas obras espetaculares poderiam ser explicadas como obras satânicas.

Jesus usa palavras muito duras em resposta a esses líderes. Ele os chama de mentirosos e diz que, na verdade, eles não conhecem nem confiam no verdadeiro Deus (v. 55). Quanto à sua alegação de serem filhos de Abraão, Jesus lhes diz (v. 56): "Abraão, pai de vocês, regozijou-se porque veria o meu dia; ele o viu e alegrou-se".

Jesus diz àqueles que deveriam ser especialistas em sua religião que justamente aquele que eles afirmam ser pai deles, Abraão, regozijou-se ao ver o dia de Cristo. Abraão viveu sua existência confiando em Deus (Romanos 4:3) e esperando pela "cidade que tem alicerces", pois seu edificador seria o próprio Deus (Hebreus 11:10).

Em outra ocasião (Lucas 24:24-27), depois de sua ressurreição, Jesus entra na conversa de dois discípulos que não o reconheceram. Eles falavam sobre a crucificação de Cristo e estavam abalados pelo que acontecera. Jesus lhes diz:

> "Como vocês custam a entender e como demoram a crer em tudo o que os profetas falaram! Não devia o Cristo sofrer essas coisas, para entrar na sua glória?" *E começando com Moisés e todos os profetas, explicou-lhes o que constava a respeito dele em todas as Escrituras* [grifo nosso].

Quando começamos a ler a totalidade das Santas Escrituras à luz dessas palavras do próprio Jesus e reconhecemos que "todos os profetas" falavam a respeito dele e que "todas as Escrituras" (que na época em que Jesus falou eram apenas o Antigo Testamento) devem ser entendidas como revelação dele. É fácil ver por que os cristãos defendem que Jesus é o único caminho até Deus. Ele tem sido o único caminho para Deus desde que o pecado entrou no mundo.

Esses resumos de Jesus mais com o foco em Cristo no restante das Escrituras, oferecem o contexto apropriado para as palavras de Jesus aos seus discípulos no cenáculo. O cenáculo, ou sala de jantar no andar superior, foi o local para onde Jesus levou seus discípulos a fim de prepará-los para sua morte iminente, bem como para os próprios ministérios deles, que começariam após a ressurreição dele. Ele precisava que soubessem qual mensagem deveriam pregar à igreja depois que ele tivesse partido.

Quando Jesus recomenda que seus discípulos não se atemorizem com os acontecimentos vindouros, ele também lhes diz que, como seus discípulos, eles conhecem "o caminho" para onde ele vai (João 14:1-4). Tomé fica confuso com isso e confessa que os discípulos ainda não conhecem o caminho. Jesus responde: "Eu sou caminho, a verdade e a vida. Ninguém vem ao Pai, a não ser por mim" (v. 6).

Não pode haver declaração mais clara sobre a exclusividade do cristianismo. Jesus está falando sobre "o caminho" para a vida eterna, para o céu. "O caminho" pode ser entendido como um atalho, talvez um estilo de vida que se deve adotar para chegar a Deus. Jesus corrige esse conceito. Ele não está falando de um atalho ou estilo de vida. Ele está falando sobre si mesmo. Se alguém quiser chegar à presença de Deus, vir através de Jesus é o único meio de chegar a ele. Ele é o caminho.

Isso faz todo sentido quando reconhecemos o que nos separa de Deus e o que a Bíblia toda, de Gênesis 3 em diante, fala sobre essa separação. O que nos separa de Deus não é o fato de não desempenharmos as funções religiosas apropriadas, ou de não vivermos uma existência suficientemente boa. O que nos separa de Deus é nosso pecado. E a única maneira de vencer o pecado é alguém tomar sobre si o castigo de nosso pecado — incluindo a morte, e vencê-la.

Só Jesus pode fazer isso. Ninguém mais. Por causa de nosso pecado, "Deus tornou pecado por nós aquele que não tinha pecado, para que nele nos tornássemos justiça de Deus" (2Coríntios 5:21). O problema sério e profundo do pecado, que começou muito tempo atrás no jardim do Éden, tem uma, e somente uma solução. Deus teve de providenciar a solução nele mesmo. O pecado nos tornou incapazes de derrotar o inimigo que criamos.

É por isso que o apóstolo Pedro, quando foi cheio do Espírito Santo depois da ressurreição de Cristo, disse às autoridades e líderes do povo: "Jesus é 'a pedra que vocês, construtores, rejeitaram, e que se tornou a pedra angular'. Não há salvação em nenhum outro, pois, debaixo do céu não há nenhum outro nome dado aos homens pelo qual devamos ser salvos" (Atos 4:11-12).

Tolerância e cristianismo

Antes de passarmos para algumas respostas possíveis ao que dissemos, precisamos tratar do "terceiro irmão", a tolerância. Podemos fazer isso brevemente, considerando tudo o que já foi dito.

A questão central com a tolerância é por que alguém iria enaltecer suas virtudes. Um dos motivos pelos quais agrupamos a tolerância com seus outros dois irmãos — relativismo e pluralismo religioso — é porque muitas vezes pensamos que a razão pela qual devemos ser tolerantes é que a verdade é relativa. Nenhuma religião ou ponto de vista é capaz de descrever tudo exaustivamente. Devemos ser tolerantes com o ponto de vista de qualquer outra pessoa porque ele é só mais uma versão da verdade.

Entretanto, a tolerância não precisa ter esses outros dois irmãos. A tolerância pode ser o que é no contexto das afirmações exclusivas do cristianismo. Podemos ver isso, mais uma vez, na vida do próprio Jesus.

Não há dúvida de que Jesus teve uma vida caracterizada por amor e compaixão. Ele tinha o poder de acalmar tempestades e andar sobre a água, transformar água em vinho e trazer mortos de volta à vida. Como aquele que tinha poder sobre vida e morte, com certeza ele tinha o poder de destruir seus inimigos. Em vez disso, ele veio atrair seus inimigos, trazê-los para si. Foi enquanto éramos inimigos que Cristo morreu por nós (Romanos 5:8).

Observe também, por exemplo, como Jesus responde a seus inimigos quando outros à sua volta queriam feri-los. Quando Jesus foi traído e preso, Pedro tirou sua espada e cortou a orelha direita de Malco, um servo do sumo sacerdote. Para Pedro, era tempo de guerra, e ele estava pronto com sua espada. E o que Jesus fez? "Jesus, porém respondeu: 'Basta!' E tocando na orelha do homem, ele o curou" (Lucas 22:51; compare com Mateus 26:5-54; João 18:10-11).

O caminho do cristianismo é um caminho de tolerância, mas essa tolerância tem suas raízes no Deus que fez e controla tudo o que há. É uma tolerância fundamentada no controle abrangente de Deus sobre todas as coisas, incluindo o fato de que seu evangelho é o único evangelho que traz e produz paz, e não guerra.

Respostas

Provavelmente a resposta mais predominante à exclusividade cristã é algum tipo de inclusividade. Ser tão exclusivo, pensarão alguns, é excluir muitos outros e todas as outras religiões.

Há algumas respostas a essa objeção. A primeira é que muitas outras religiões são tão exclusivistas quanto o cristiaismo. Alguns ramos radicais do islamismo, por exemplo, são tão exclusivistas que julgam ser correto matar e destruir qualquer um que discorde deles. O cristianismo não possui direitos "exclusivos" à exclusividade.

No entanto, só porque outros são exclusivistas não é razão para que todas as religiões sejam. Não seria a inclusividade uma opção muito mais "amorosa" porque, por definição, quer incluir a todos?

Em seu livro *Bhagavad Gita*, o hinduísmo diz, nas palavras de seu senhor Krishna: "Não importa por qual caminho os homens se aproximem de mim, sou gracioso para com eles; homens de toda parte seguem meu caminho."* Ao menos aparentemente, isso soa muito mais palatável. Por que o cristianismo não pode simplesmente incluir todo mundo que deseja seguir um caminho, seja da maneira que for?

Anos atrás era bastante comum ver pessoas religiosas em vários aeroportos dos Estados Unidos. Em muitas ocasiões conversei com essas pessoas enquanto esperava meu voo. Lembro-me de uma conversa com uma mulher que acreditava em algum tipo de hinduísmo. Ela tentou me explicar as palavras do senhor Krishna e me convencer de que, na verdade, todos seguem o caminho dele.

A pergunta que lhe fiz pareceu-me bastante óbvia. "Se isso é verdade", perguntei, "então por que você está aqui falando comigo?". Ela não estava muito certa do que eu queria dizer com minha pergunta. "Por que faz diferença o que eu creio, o que a pessoa ao meu lado crê, ou mesmo o que você crê, se tudo isso é apenas o caminho de Krishna para nos aproximarmos dele?" Naquela altura, ela me deu uma flor e foi embora.

Para que alguém seja realmente "inclusivo", isso significa que mesmo aqueles que acreditam que o cristianismo é exclusivo precisam ser "incluídos" na religião universal.

---

* Citado em Pojman, ed. *Philosophy of Religion: An Anthology* [Filosofia da religião: uma antologia] (Belmont: Wadsworth, 1987), 498.

No entanto, não é isso que aqueles que querem ser inclusivos acreditam. O exemplo da mulher hinduísta ilustra quem pensa que todos devem ser incluídos; também crê que todos deveriam acreditar na inclusão de todos! Quando isso não é verdade, observa-se que a pessoa inclusiva é exatamente tão exclusivista quanto a pessoa exclusiva. A pessoa que é inclusiva acredita em alguma coisa, acredita exclusivamente em algo, em que outros, talvez muitos outros, não acreditam. Ela crê que todos deveriam crer que todas as crenças e religiões no fim das contas chegam ao mesmo lugar, mas não é difícil mostrar que nem o budismo, nem o hinduísmo, nem o islamismo, nem o cristianismo, nem inúmeras crenças mais "seculares" são inclusivas assim. No final, a pessoa inclusiva é apenas tão exclusivista quanto aqueles que lhe são contrários.

Conclusão

É importante saber — e, do ponto de vista cristão, eternamente importante — em que, ou em quem, cremos. O fato de nossa fé ser exclusivista não é um argumento contra ela. Isso mostra que sob alguns aspectos ela é como as crenças que todos defendem. A questão importante e central não é o que eu creio e quem essa crença inclui. A questão central é: Minha crença é verdadeira? O cristianismo diz que ela só é verdadeira se tiver seu foco em Jesus — Aquele que é a própria Verdade.

Perguntas para reflexão

1. Você consegue pensar em uma religião ou em uma pessoa cujas crenças realmente incluem todo mundo? Por que sim ou por que não?

2. Se todas as pessoas são exclusivistas em sua crença, por que a exclusividade do cristianismo é tão ofensiva para tanta gente?

3. Além daqueles apresentados no texto, você consegue citar outros exemplos da tolerância de Deus em relação àqueles que são seus inimigos?

Leituras recomendadas

Piper, John. *Jesus, o Único Caminho para Deus. Uma pessoa precisa ouvir o evangelho para ser salva?* (São Paulo: Cultura Cristã, 2013).

Ryken, Phillip Graham. *Is Jesus the Only Way? Today's Issues* [Será que Jesus é o único caminho? Questões atuais] (Wheaton: Crossway, 2012).

Zacharias, Ravi. *Jesus Among Other Gods: The Absolute Claims of the Christian Message* [Jesus entre outros deuses: as reivindicações absolutas da mensagem cristã] (Nashville: W, 2002).

Sproul, R. C. *Quem é Jesus? Questões cruciais* (São José dos Campos: Fiel, 2012).

Conclusão

Refletimos a respeito de várias objeções ao cristianismo e algumas respostas que podem surgir às nossas perguntas. É claro que não é possível abranger todas as objeções ou prever todas as respostas que os outros possam ter aos argumentos cristãos. À medida que concluímos, talvez seja útil oferecer uma espécie de roteiro a ser seguido quando se apresentarem objeções ao cristianismo. Um roteiro pode nos manter no caminho certo e nos ajudar a evitar desvios que ameaçam frustrar nossos esforços.

Um dos temas recorrentes em todos os capítulos é a necessidade de os cristãos reconhecerem a autoridade da Palavra de Deus. Esse é o único caminho capaz de dissipar dúvidas. É o único caminho que nos leva às respostas corretas para objeções. Isso é essencial para o cristianismo. É tão básico que foi a primeira coisa que Satanás decidiu atacar quando nossos primeiros pais estavam no jardim.

Moisés começa o terceiro capítulo de Gênesis contando-nos que "a serpente era o mais astuto de todos os animais selvagens que o Senhor Deus tinha feito" (Gênesis 3:1). Não deveríamos passar tão depressa por essa afirmação. Por que Moisés diz isso?

Uma razão é que ele está nos preparando para o ataque da serpente à verdade de Deus. Esse ataque, embora possa ser muito conhecido para nós, foi "astuto". Foi astuto porque começou com uma pergunta — uma pergunta que pode parecer muito inocente. "Foi isso mesmo que Deus disse: 'Não comam de nenhum fruto das árvores do jardim'?" (Gênesis 3:1).

Essa é, de fato, uma pergunta astuta. Pode parecer que a serpente (Satanás) quer apenas ober informações; ela está sendo somente curiosa, mas nós sabemos que não é isso. Ela quer que Adão e Eva peguem um desvio permanente do caminho. Ela sabe que o caminho em que estão os levará à vida eterna, e começa a conduzi-los para fora dessa rota com uma mera "sugestão". Ela faz a pergunta para que Eva comece a pensar que aquilo que Deus disse pode não ser tão definitivo assim.

Quando Eva responde à serpente, ela parte, literalmente, para o "bote". Ela acende uma sinalização na estrada, dizendo-lhes para saírem imediatamente. Ela diz que o que Deus afirmou é mentira. E declara que eles poderão conhecer Deus melhor se, em vez de confiarem no que Deus diz, ouvirem o que ela diz. Mas, como sabemos, ela disse o que disse para impedir Eva de conhecer Deus melhor!

A sutileza da investida de Satanás é espantosa. Adão e Eva seguem a sinalização de "Saída" e saem do único caminho que os levaria à vida eterna com o Deus que os fez e que os colocou em seu jardim. Satanás os convenceu de que as palavras de Deus não eram verdadeiras. Ele os convenceu a deixar de confiar em Deus e questionar sua Palavra.

Em seu livro *O Leão, a Feiticeira e o Guarda-Roupa*, C. S. Lewis nos oferece um quadro maravilhoso do que significa confiar na Palavra de Deus, um quadro que é o oposto da resposta de Eva à serpente.

Em Nárnia, Edmundo revelou-se um traidor. Segundo as leis de Nárnia, todo traidor pertence à Feiticeira Branca, e é direito dela matá-lo. Aslam conhece muito bem essa lei, e, portanto, encontra-se com a Feiticeira Branca a sós. Quando encerram o encontro particular, eles ouvem a voz de Aslam: "Venham todos. Tudo resolvido. Ela renunciou ao direito que tinha ao sangue de Edmundo." Mais tarde descobrimos que o motivo pelo qual ela renunciou ao seu direito é que Aslam concordou em ser morto no lugar de Edmundo. Porém a Feiticeira Branca ainda tem uma pergunta: "A feiticeira, com uma expressão de feroz alegria, já estava se afastando quando parou e disse: 'Mas quem me garante que a promessa será cumprida?' '*Raaaa-a--aarrgh!*' — rugiu Aslam, erguendo-se do trono. E suas faces ficaram escancaradas. O rugido rimbombou. A feiticeira, atônita, agarrou a saia e fugiu como se tivesse a vida em perigo."* Aqui, Lewis descreve a resposta adequada à Palavra de Deus. O rugido de Aslam demonstra a resposta de Deus àqueles que ousam questionar sua autoridade. Na verdade, Aslam diz muito ao não falar nada. Ele está dizendo que sua palavra está atrelada ao seu caráter majestoso.

Só podemos imaginar o "rugido" que se ouviu no céu quando Eva concluiu que o que Deus dissera a ela e a Adão não era verdade. Ardilosamente, a serpente no jardim levou Eva a pensar que a Palavra de Deus não era digna de confiança. Talvez Eva tenha se perguntado a mesma coisa: "Como sei se a promessa de Deus será cumprida?"

Desde aquela época a desconfiança, em suas diversas formas, tem tentado distorcer e rejeitar o que Deus disse. Ela o tem feito de várias maneiras, mas o resultado é sempre o mesmo. Se você conseguir se convencer de que Deus não falou ou que suas palavras não estão claras, ou que não é possível saber que ele falou, então você pode se convencer de que você é dono do próprio nariz e não tem responsabilidades para com o Deus que o fez e que proporcionou a salvação do pecado.

Atrás de toda objeção ao cristianismo está a pergunta da Feiticeira Branca: "Quem me garante que a promessa será cumprida?" O rugido de Aslam revela a resposta de Deus a essas perguntas — in-

---

* C. S. Lewis, *The Lion, the Witch and the Wardrobe*. The Chronicles of Narnia (New York: Scholastic, 1995), 144 [edição em português: *O Leão, a Feiticeira e o Guarda-Roupa*. Tradução de Valéria Lamim Delgado Fernandes (Rio de Janeiro: Habacuc, 2006)].

dignação. Ele não precisa de outra resposta; ele mesmo é a resposta que podemos saber. Podemos saber por causa daquele que falou. Se nos recusarmos a confiar em Deus e no que ele disse nas Escrituras, não há mais esperança para nós. Nossa vida, aqui e depois, será caracterizada pela indignação sem fim de Deus.

Para o cristão, isso significa que toda objeção vem com uma recusa em confiar no que Deus disse. Essa recusa em confiar em Deus sempre é acompanhada de uma confiança em outra coisa ou outra pessoa. No final das contas, ela é acompanhada de uma certeza inabalável em nós mesmos.

A única maneira certa de enfrentar as objeções é conhecer Deus melhor. E fazemos isso quando conhecemos sua Palavra melhor e meditamos em suas consequências. O cristão não pode pegar atalhos ou se desviar do caminho em que está; é o único caminho para a vida eterna. É o caminho de Jesus.

Anos atrás eu ministrava aulas de apologética (defesa da fé cristã). Um dia, depois da aula, uma mulher me procurou para contar sua história. Ela era uma cristã relativamente recente. Não havia estudado teologia nem filosofia. Sua colega de quarto, porém, era a primeira mulher a obter uma cátedra em filosofia na universidade local. A colega de quarto estava tentando convencer essa mulher de que o cristianismo é uma ilusão.

Graças a esse curso de apologética, a mulher explicou, ela adquirira uma nova compreensão das Escrituras e de seu poder. Ela contou que agora era capaz de usar o que havia aprendido da Bíblia para responder às objeções de sua colega filósofa. Ela não tinha mais dúvidas sobre sua fé e, com seu conhecimento da Bíblia, estava equipada para responder às sofisticadas objeções que encontrasse.

Esse é o melhor e mais produtivo modo de começar a tratar as objeções ao cristianismo. Não é possível conhecer ou estudar todas. O que é possível é conhecer melhor a Palavra de Deus e pensar no que Deus disse à luz das alternativas.

Conclusão

Por exemplo, como explicamos neste livro, os cristãos creem que o cristianismo é verdadeiro. Essa crença não faz com que o cristianismo seja verdadeiro, e nem é uma crença cujo oposto pode muito bem ser verdade também. Quando confessamos que o cristianismo é verdadeiro, estamos também confessando que tudo o que se opõe a ele é falso, por definição. O que queremos dizer com isso?

Em parte, estamos dizendo que qualquer objeção ao cristianismo não consegue explicar o que as pessoas são, como o mundo é na realidade, o que é amor, por que algumas coisas são más etc. Visto que nenhuma objeção ao cristianismo tem um fundamento transcendente (isto é, bíblico), ela estará fora do roteiro e presa numa vala escura e confusa. Ela não é capaz de ver além de seu contexto imediato ou se estender além da própria situação.

Portanto, quer conheçamos os detalhes de cada objeção ou não, sabemos que qualquer objeção simplesmente nega o óbvio. Na injustiça, como diz Paulo, sempre há a supressão da verdade (Romanos 1:18). Toda supressão da verdade é, por definição, um engano; especificamente um autoengano. Esse foi o problema de Adão e Eva (veja 2Coríntios 11:3). Com a tentação de Satanás, eles se convenceram de que o que sabiam era errado. Eles sabiam que o Deus que os fizera e lhes dera o jardim era a própria verdade. Eles compreendiam, pois haviam experimentado que o que Deus dissera era exatamente verdade. No entanto, Satanás os convenceu a suprimir essa verdade e acreditar nele.

Todas as objeções ao cristianismo seguirão esse mesmo padrão geral. Elas virão daqueles que conhecem a verdade sobre quem Deus é, mas a suprimem. Essa supressão incluirá objeções ao que você crê e tentarão impedir que você confie em Deus e no que ele disse. Esse sempre será o modo como sua fé será atacada.

Se você estiver lendo este livro e ainda não se entregou a Jesus, este é o desafio: reúna suas objeções e examine-as do ponto de vista do que Deus disse em sua Palavra. Para isso, você terá de ler sua

Palavra. E, ao lê-la, pergunte-se: "O que isso diz sobre minhas objeções ao cristianismo?"

Muitas objeções ao cristianismo não levam a sério exatamente o que o cristianismo é. Muitas vezes, como vimos em alguns exemplos neste livro, elas usam o que é mais conveniente para os propósitos da objeção e fingem que essas coisas são a somatória e a essência da fé cristã, mas quando a Palavra de Deus é considerada pelo que ela é, não há objeção que resista a esse escrutínio, e elas se dissiparão como uma névoa.

No final, tanto para um cristão quanto para um objetor, uma resposta adequada a Deus e sua Palavra só pode acontecer, como vimos na *Confissão de Fé de Westminster*, como resultado de "nossa plena persuasão e certeza da sua infalível verdade e divina autoridade [que] provêm da operação interna do Espírito Santo, que com a Palavra testifica em nosso coração"(grifo nosso).

A obra do Espírito Santo efetua a mudança em nosso coração, mas o Espírito não faz o trabalho sozinho. Ele se dedica a trabalhar "pela e com a Palavra". É a nossa exposição à Palavra e nosso conhecimento dela que nos levam a deixar de ser objetores e a ser aqueles que sozinhos podem ter esperança neste mundo (compare com Efésios 2:12 e Colossenses 1:5). Ao ler e compreender a Palavra de Deus, quando o Espírito trabalha em nosso coração, passamos da descrença à fé em Jesus. Quando o fazemos, nossa fé é fortalecida de modo que podemos "destruir argumentos e toda pretensão que se levanta contra o conhecimento de Deus, e levamos cativo todo pensamento, para torná-lo obediente a Cristo" (2Coríntios 10:5).

Este livro foi impresso pela Edigráfica, em 2018, para a HarperCollins Brasil.

O papel do miolo é avena 80g/m2, e o da capa é cartão 250g/m2.